新人を1か月で
即戦力
に変える教科書

株式会社情熱　代表取締役
水野元気

SOGO HOREI PUBLISHING CO., LTD

はじめに

「あー、今月も数字が厳しい……」

武史は今月も頭を抱えていた。

毎月の予算目標は非常に高く、先月もなんとかギリギリ達成したが、今月は後半になっても達成率は50％。

毎週のミーティングでは上司から厳しく詰められている。

武史は入社12年目。５人チームのマネージャーだ。

チーム内に、入社１年目と３年目の２人の部下がいるが、彼らの結果がいつも芳しくない。

そのため、自分がその分を背負って結果を出す形で、なんとか先月は目標を達成した。

だが、上司からは「あいつら、結果出てないじゃないか」と指摘された。そのため、指導をしようと思い、ロールプレイングをしたり、資料作成を手伝ったりした。また、目標の進捗具合のチェックを含めてミーティングの回数もかなり多くした。そうしたら、今度は自分自身の仕事をする時間が足りずにチームの成績が落ちているのだ。

だいたい、そんな状況にも関わらず、あいつらからはやる気を感じられない……。

時間を使って教えているのに、聞いているのか、聞いていないのかわからない反応。

ましてや、自分からの報告はおろか、わからないことなどを聞いてくることもないし、結果が出なくても責任を感じている様子もないから腹が立つ。

自分の数字も出さなきゃいけない。しかし、チームで目標をクリアしていくためには、あいつらを教えていかなきゃいけない。でも、なかなか育たないし、やる気が上がったと思ってもすぐに凹んでしまう。そして、いつの間にかやる気を失っている。

やる気を上げるために時間を使えば、自分の時間がなくなり、数字が出ない……。

こんなスパイラルに入ってしまって、毎月、いや毎日が本当にしんどい……。

せめて、すぐに結果が出なくてもいいから、あいつらにやる気があって、自主的に動いてくれればいいのに……。

今の日本で働いている方にとって、こんな状況に共感される方は結構多いのではないでしょうか。

*　*　*

現在の入社10～20年目くらいの中堅社員と呼ばれる方々は本当に大変です。

昔は、マネージャーと言えば、マネジメントを専門に仕事をして、指導、管理をメインに自分は現場に出ないという状態が多かったのです。

しかし、現在はマネージャーになったとしても、ほとんどがプレイングマネージャー。

自分自身も結果を出さなきゃいけない中で、部下の指導や教育、管理をしていかなければいけません。

また、リーマンショック以降、より社員には即戦力化が求められ、新人でも十分な教育がされないままに、現場に放り込まれます。そのうえ、新人の数字もチームに上乗せされ、1年目から成果が求められるのです。

特に、ゆとり世代と言われる新人たちには、自分たちの感覚とは違い、言われたことを素直にやれなかったり、すぐに心が折れたり、意欲がなかったりする人が増えています。しかし、それでもマネージャーは、そんな新人たちを育て、管理し、数字をあげていかなければなりません。

このような状況の中で、私たち株式会社情熱という会社は、研修を通して新人を情熱的に働く状態にするという仕事をしています。

また、私は仕事がら、中小企業から大企業まで多くの会社の方々と接していますが、30～40代の中堅社員の方々は本当にがんばっています。
しかし、一方で自分の結果を出しながら部下を育成し、やる気にしていくということに、疲弊し、限界も感じている人が多いと思うのです。

本書はそんな人たちに向けて、「新人を1か月で即戦力に変える教科書」と題して、新人が自らやる気になり、成長と成果に向かって行動し続ける人材＝即戦力となる方法とヒントをお伝えしていきます。

新人がやる気になり、成長し、成果が出れば皆さんの今の苦しい状況が改善されるのはもちろんです。そして、良いチームも作っていけるでしょう。
ただ、それだけでなく、今後の会社が、そして日本が成長していくためにも、皆さんの存在で新人たちのやる気に火を付けてあげることが大きな貢献につながります。何といっても、10年後、20年後には彼ら、彼女らが社会の主役になるのですから。

ぜひ、そのためにも、これを読んでくださる方が本書を活用して、新人が即戦力として育ちチームや会社の成長につながっていくことができれば幸いです。

もくじ

第2章 新人がやる気に燃え、即戦力に変わる6つの思考法

第3章 6つの思考を習得してもらう18のアプローチ法

第4章 あなたは新人にとってどんな存在ですか？

装丁デザイン　折原カズヒロ
本文デザイン　土屋和泉
本文組版・図表作成　横内俊彦

第1章

新人の傾向とカテゴリー

クライアントから寄せられる新人に対する相談

私たちの会社では、様々な規模と業態の企業の研修を行っています。その中で一番多い要望が新卒研修です。

どこの会社も新卒に対して〝情熱〟や〝やる気〟、〝意欲〟を持ってもらいたい。そして、一日も早く即戦力として活躍してほしい、と考えているからです。しかし、新人にそれらが足りないからこそ、私たちの会社に依頼、相談が止まないのだと考えます。

先日もこんな相談を受けました。

ある商社系の会社の役員の方から、

「うちの会社は全国に支社があるから、新卒で入ると全国に配属される。ところが、ここ数年、転勤が嫌で辞めるとか、ホームシックになって辞めるって新卒が出てきたんですよ。そんなの今までなかったのでびっくりで……。うちの会社は昔からアットホームだから、離職率も少なく、みんなで助け合いながらやってきた。ところが、同じやり方が今の新卒に通じないんですよ！　どうなってるんですかね？」

という相談を受けました。

実際にその会社では２００１年度入社から、離職率が大幅に上がり、問題視されていたのです。

こういった、転勤などでやる気を失ってしまい、離職していくというケースは多くの会社から相談を受けます。

また、他に多い相談や嘆きが「主体的に動かない」という内容です。

ある通信系の会社のマネージャーからは、

「最近の新卒は言わないと動かないし、自分の頭で考えるってことをしないんだよね。いや、たしかに言われたことは一生懸命やるし、一見素直に見えていいんだけど、でもそれだけってていうか……。

言われたことしかやらないというか、言われたことしかできない方が正しいかな。あと、ホウレンソウ（報告・連絡・相談）が自分たちからできないことがすごい問題。うちの会社はちょっとのミスやクレームも必ず報告するという方針なんだけど、それができない。

この前も新人が、お客様にはっきりと伝えなきゃいけないことを曖昧にしてしまったミスがあったんだけど、その報告が上がってこなくて、結局、本部にお客様から大きなクレームとして来ちゃって大変だったんだよね。人だから必ずミスはある。だから、それはしょうがないと思ってるし、そうだとも伝えている。でも、その起こしたミスを隠すことが一番良くないって言ってるんだけど、それが伝わらないんだよね……。本当にまいったよ。」

という相談もありました。

他によく聞くのが、元気がない、挨拶ができないということ。

あるＩＴ系会社の人事の方は、

「たしかにうちは、お客様の対応をすることはほとんどないし、そんなにコミュニケーションが得意じゃなくてもいいんだよね。だから、そういった人材も採用している。

でも、挨拶って社会人、いや人としての基本じゃない。それが、イマドキの若者はできない。絶対に自分たちから挨拶をしてこないし、こっちから挨拶しても目も合わさずに、会釈するだけ。本当にあいつら大丈夫かなって思うよ。これからは最低限、挨拶くらいはできる人を採りたいと思ってるよ」

なんていう話も。

さらには、印刷などを扱っている会社のマネージャーは、

「最近の新卒で悩んでるのは、「自分が一番」っていう態度を取ることかな。やっぱり会社員って、特に新人のうちは、先輩の言うことは自分が嫌でもしっかり

と聞いたり、お客さんから誘われたことって、よっぽどの用事がない限りそっちを優先すると思うんだけど、今の新卒って平気で断っちゃうの。

この前、得意先の部長に、『君のとこの新卒が挨拶に来たから飲みに誘ったんだけど、「今日はちょっと見たいテレビがあって……」って断られたよ。そんな理由で断られたの初めてだよ』って言われて……。今回は笑い話で済んだから良かったですけど、焦りましたよ。

素直なのは構わないけど、嘘でもいいからもっとうまい断り方をしてほしいし、少しは自分のことよりも相手のことを優先してほしいんですよね。彼らは相手の立場や相手の気持ちよりも自分が大切なんですよね。それじゃあ、ビジネスの世界で信頼を得たり、結果を出すのは難しいと思うんですけどね……」

このような相談や愚痴にも似たことをたくさん聞かせていただくのです。

アンケートから見えてきた、新人5つの傾向

このことに驚いた私たちは、その後、緊急でアンケート調査を行ってみることにしました。そして、その結果を分析してみると、次の5つの共通する傾向が浮かび上がってきたのです。

❶自分本位

- 相手からどう見えるか、という視点が持てず、自己本位で考えてしまいがち
- 成果を見られることよりも、がんばった過程を評価してほしいという気持ちが強い

結果、「時間ぎりぎりまでがんばったので」などと言って、最終成果が出ていないことに対し謝罪がありません。

そのため、お客様からの評価が悪化していることにも気づかず、放置してしまい、クレームにつながることがあります。

❷ 他責思考

- 失敗したり何か指摘を受けた時に、「環境」「他人」に責任があるという思考になる傾向が強い

結果、「会社の環境が悪いから」「上司や先輩が教えてくれないから悪いんだ」と不平不満を溜め、退職に至るケースがあります。

❸ 指示待ち

- 「指示・答えをください」という姿勢で、自分で考える力が弱い
- 自分から率先して動くことができない
- 言われた最低限のことしかできない

結果、自分から会社や上司、まわりに対して働きかけがない。そして、仕事が放置状態になってしまったり、問題が生じ、表面化するころには、取り返しがつかない状態になってしまうこともあります。

また、自分で考え抜く力がなかなか身に付かず、成長スピードが遅いのもこのタイプの特徴です。

❹ 折れやすい

- 過剰な自信と打たれ弱さを合わせ持つ

・根拠のない自信を持っている分、自分のイメージ通りの成果を出せない時に芯がなく、心が折れやすい
・上司の叱責、アドバイスを受け入れるキャパシティがなく、あきらめやすい

結果、気持ちが続かず、休職や退職に至るケースがあります。

❺元気がない

・当たり前の「挨拶・返事・笑顔」ができない
・「苦手な人」を避けてしまう

結果、お客様や配属先の先輩・上司からの第一印象が悪く、採用・初期教育体制に疑問を持たれてしまったり、ＯＪＴがうまく機能しなかったりするケースがあります。

こうしてみてみると、「物覚えが悪い」や「手際が悪い」といった声はほとんど聞

新人５つの傾向

①自分本位	●相手からどう見えるか、という視点が持てず、自己本位で考えてしまいがち ●成果を見られることよりもがんばった過程を評価してほしいという気持ちが強い
②他責思考	●失敗したり、何か指摘を受けた時に「環境」「他人」に責任があるという思考になる傾向が強い
③指示待ち	●「指示・答えをください」という姿勢で、自分で考える力が弱い ●自分から率先して動くことができない ●言われた最低限のことしかできない
④折れやすい	●過剰な自信と打たれ弱さを合わせ持つ ●根拠のない自信を持っている分、自分のイメージ通りの成果を出せない時に芯がなく、心が折れやすい
⑤元気がない	●当たり前の「挨拶・返事・笑顔」が出来ない ●「苦手な人」を避けてしまう

こえてきません。
逆に言うと、ほとんどが〝考え〟や〝意欲〟などの部分に不満が出ているのです。

会社が求めている人材とは？

現在、新卒採用では体育会系出身の人材がとても人気です。

それは、体育会系で鍛えられたことによって、素直に返事をし、元気に挨拶をし、少しのことでもへこたれず、意欲を持ってがんばる人材だとみられているからだと思います。


つまり、前述の５つの傾向とは逆の人材を会社はほしがっているのです。

もし、あなたの部下である新人も、そんなふうに元気よく返事や挨拶をして、目の前の仕事にがんばってくれたり、問題や困難にも挑んでいく、そんな人材だったらいいと思いませんか？

そして、彼らのような人材が、会社で即戦力として働いてくれるようになるのです。

私たちは、そんな人材を情熱家と呼んでいます。

情熱家とは、目の前のことに一生懸命で、元気で素直。そして、問題や困難があってもあきらめない心を持つ人のことを指します。

新卒は知識も技術もないのですから、せめて最初は情熱を持って働いてほしいというのが皆さんの願いだと思うのです。

人は誰だって本当はやる気があるのです。

だって、赤ん坊の時には「今日はめんどうくさいからハイハイするのやめておこう……」なんて思うことがないように、全ての人にはやる気が必ずあります。

それが、様々な経験や体験をしていく中で、偏った考えが形成されて、やる気を失っていくのだと思います。

「やる気」の燃焼度別、４つの人材

人は誰でも『やる木（気）』という木を心の中に持っています。その木に火が付いていると、心が燃えている状態であり、やる気に火が付いているのです。逆に、火が付いてないということは、やる気に火が付いていない、つまりやる気がない状態になるのです。

そして、全ての人にやる木（気）という木が心の中に平等にあって、あとはその木がどういった状態かによってタイプが分かれていくということです。

そこで、私たちは４つのタイプに人を分けています。それが、『不燃型人材』『他燃型人材』『冷燃型人材』『自燃型人材』です。

❶不燃型人材

不燃型人材とは、やる気という木が湿ってしまっている人です。
そのため、上司や先輩といったまわりの人が、一生懸命やる気を上げさせようと思っていても、なかなか火が付きません。しかも、湿っているので、他の人の火を消す可能性もあるので要注意な人材です。

高い目標やちょっと難しい仕事を依頼すると、「無理です」と言ってきます。
また、自分や会社に期待を持てないので、すぐに「どうせ……」という言葉が生まれてきます。

ひどい人になると、与えられた仕事を適当にやり、会社や上司の不平不満や悪口を言ってくるまでになってしまいます。こうなってくると木は湿りすぎて腐ってしまっている状態ですが……。

入社したての新人で不燃型は少ないかもしれません。しかし、入社し、1年くらい経ってくると、こういった不燃型人材になってしまう人も出てきます。

❷ 他燃型人材

他燃型人材は、木は乾いているので火はすぐに着火します。一瞬なら大きな火も出ることがあるでしょう。

みんながんばっている環境やみんなから評価されていると、やる気は燃えているのです。

しかし、怒られたり、順調にいかなかったりすると、すぐに火が消えてしまいます。

つまり、環境に左右されて燃えたり、消えたりしてしまうのが他燃型人材です。

最初は「がんばります！」とやる気に溢れているのですが、ちょっと失敗したり、うまくいかないことがあると、すぐにあきらめてしまいます。

また、人間関係の問題にも影響されます。ちょっと自分に合わない上司やお客さんがいると、そこに気持ちが引っ張られて、やる気を失ってきてしまうのです。

新人で一番多いタイプは、この他燃型人材かもしれません。

他燃型人材は放っておくと、いつの間にか不燃型人材にもなってしまうので注意が必要です。

❸冷燃型人材

冷燃型人材は、しっかりと火は付いているのですが、小さく静かに燃えているタイプです。

そして、この人材は自分の火が消えないように、しっかりと火を守るための屋根や囲いを作っています。

そのため、ちょっとやそっとでは火は消えない人材です。

ただ、囲いを作っているため、他の人に火を渡すこともしないですし、他の人の影響を受けたくないので深く関わろうとしないのも、このタイプに多い特徴です。

「やりたいとかやりたくないとかじゃなくて仕事だから」と思っていたり、冷静で批判的に物事をとらえ、大きめの挑戦は控えたり、社外だけでなく、社内の人とも深く関わらない人たちが多いのです。

このタイプは自分の与えられた仕事、役割は淡々としっかりと行いますが、それ以上のことやまわりとの連携といったことをやりたがらない傾向があるのです。

❹自燃型人材

自燃型人材は、自分で火を付けることも、他からの影響で火が消えないように守ることもできる人材です。

冷燃型と似ていますが、高い目標や困難に挑戦することが好きですし、うまくいかない場面でも火を消さない自分でいられたり、たとえ消えたとしてもすぐに自分で火を付けられるのです。

大きな火を灯していることが多いので、他の人たちにも火を分け与えることができるのも特徴です。

能力を過信するわけでなく、自分に自信を持ち、まわりのやる気がないとか、目標に対して思い通りにいかないなどの火が消えやすい状況にも、火を消さずにいることができる人材です。

どこの業界、企業でも結果を一番出し、即戦力となるのはこのタイプですし、リーダーに求められる要素になります。

つまり自燃型人材とは、目の前のことに一生懸命で、元気で素直。そして、問題や困難があってもあきらめないという理想の状態を自分で作れるとともに、どんな環境や状況でもその状態を維持できる人材なのです。

私たちはこのように、人を4つの人材タイプに分けています。

誰の「やる気」にも火を付けられる

ここで重要なのは、**全ての人が平等にやる気という木を持っていて、その木に火を付けることができる**ことと、**その火を守ることができれば、情熱を持って仕事をすることができる**ということです。

ですので、あいつはダメだとか、こいつは良いということではなく、全ての人が自燃型人材になれますし、私たち、上司がやる気に火を付けてあげることはできるということです。

会社や社会では、火を消そうとする暴風雨が吹き荒れています。

また、毎月与えられる目標に対して〝未達〟というプレッシャーと敗北感が火を消そうとします。
自分がどんなにがんばってもお客様に評価をされなければ、全てが白紙になってしまったり、嫌な上司から怒られたり、面倒くさい先輩から不平不満を聞かされれば、それらが火を消そうとしていくでしょう。

しかし、その暴風雨に負けずに火を灯し続けることができれば、人は努力と行動をやめませんので、成果と成長が待っているのです。

きっとマネージャーになられたり、部下のいる皆さんは、知らず知らずのうちにこうした暴風雨に負けない自分になり、成果を出してきたからこそ、今の立場があると思うのです。
それをしっかりと理解し、その対策を知ることで、新人や部下が早くに自燃型人材に育ち、即戦力となって活躍してもらうことができるのです。

第2章

新人がやる気に燃え、
即戦力に変わる
6つの思考法

環境自立と自己肯定感が即戦力となるキーワード

左のマトリックスを見ていただくと、2つの指標があります。横軸は環境依存⇕環境自立という軸。縦軸は自己肯定感（目標）の大きい⇕小さいという軸の2軸になります。

環境依存とは、**環境や状況に自分の感情やモチベーションが完全に左右されてしまう**ことです。逆に環境自立とは、**思い通りにならない状況や非常に厳しい環境でもそこに左右されずにモチベーションを保ち続けられる**ということを意味しています。

自己肯定感とは、自分自身に対する自信や好き、信頼という気持ちのことを指しま

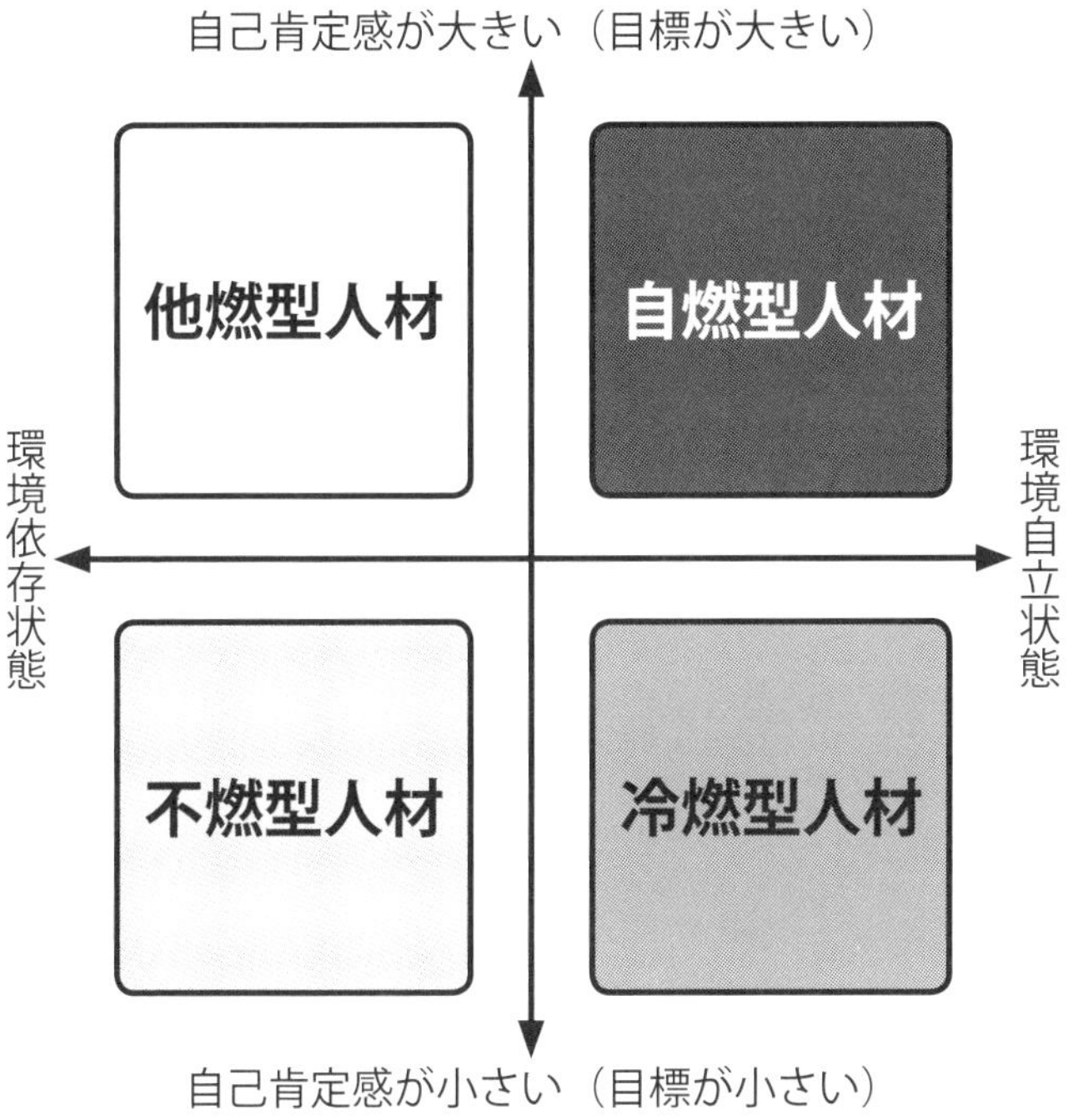
自己肯定感が大きい（目標が大きい）
他燃型人材
自燃型人材
環境依存状態
環境自立状態
不燃型人材
冷燃型人材
自己肯定感が小さい（目標が小さい）

す。

自己肯定感が小さいというのは、**自分を信じることができず、自分が嫌いということ**です。そういった人はおのずと自分にはできる力がないと思っているので、目標も小さくなってしまいます。

逆に自己肯定感が大きいというのは、自分を信じることができ、自分が好きということです。そのため、挑戦する時も「自分ならできる」と思うことができるので、行動できます。また失敗しても自信を損失することなく、あきらめずに行動したり、再挑戦へと立ち上がることができるのです。

そして、このマトリックスの中に1章で紹介した4つの人材があてはまります。

1章で説明した通り、**不燃型人材とは、【やる気という木が湿っている人材】**です。それは、自己肯定感が小さく、自分に自信がないため、すぐに「どうせ無理だ……」とか「自分なんて……」という言葉や思考が出てきます。

さらには、環境依存もしていて、状況が自分にとって良くない状況になると、今の状況を打開できるとは思っていないので、自分と環境にも失望してしまって、やる気という木が湿ってしまっているため、なかなか火が付かないのです。

他燃型人材とは【火は付きやすいけれども、すぐに消えてしまう人材】です。

この人材は自己肯定感はある程度あるので、自分にはできると思い、夢や目標を描きやすかったり、「自分はもっとできる」と思い、火が付きやすいのです。

ただ、環境依存状態になるので、思い通りにならない環境になると、その環境に左右され、持っていた夢や目標をあきらめたり、人や環境のせいにしたりして、やる気を失っていってしまいます。

冷燃型人材とは【小さく静かに火が燃えている人材】です。

この人材は、他燃型人材とは違い環境自立度は高いので、思い通りにならない環境や自分があまり好きではない仕事などでも、負けずに「やるべきことは仕事だからやる！」と淡々とやることができます。

ただ、自己肯定感はそれほど高くないので、目標を大きく持ったり、さらに上のことに挑戦しようという気持ちがないのが特徴です。

そして、最後、**自燃型人材とは【自分で大きな火を付け、守りつづけられる人材】**です。

この人材は自己肯定感も大きく、環境自立度も高いです。だからこそ、夢や目標が大きかったり、もっと上を目指してがんばろうという気持ちも常に持っています。

そして、挑戦したり、大きな夢や目標に向かっていくと必ず出てくる、うまくいかない状況や困難や問題にも負けずに、自分でその環境を打破していこうと思える人材なのです。

この自燃型人材こそが最も会社で活躍する人材だということを改めて解説させていただきました。

そして、新人を即戦力にするとは「自燃型人材」にするということなのです。

では、新人を自燃型人材にするにはどうすればいいかというと、簡単に言ってしまえば、**環境自立度を上げて、自己肯定感を大きくすればいい**というシンプルな話なのです。

ただ、もちろんそれだけでは、具体的にどうすればいいのかがわからないですし、環境自立度を上げたり、自己肯定感を大きくするというのは容易なことではありません。

ですので、ここからもう少し詳しく、そして別の切り口からも見てみたいと思います。

人がやる気を失うメカニズム

突然ですが、人がやる気を失うのはどういう時だと思いますか？

上司から理不尽な対応を受けた時？
会社から無茶な要求ばかり来る時？
お客様からのクレームがあった時？
プライベートがうまくいかない時？
大きな失敗をした時？

どれもやる気を失うのに十分なシチュエーションですし、他にもどんどん出てきそうですが、これをまとめると次の３つになります。

1. 自信を失う時
2. 目標、目的、意義を見失う時
3. 思い通りにならない時

です。

❶自信を失う時

たとえば、大きな失敗をしたり、目標の未達が続くと、人は自信を失っていきます。

すると人は、「自分にはできない……」「自分には無理だ……」という考えが浮かびはじめます。

人は「無理だ」「できない」と思うものに挑戦も行動もできないようになっていきます。つまり、やる気を失っていくのです。

この状態がずっと続くと、「どうせ、自分には無理だよ……」「何やったって一緒だよ……」「努力したって意味ないし……」というネガティブな発言が続き、やがて仕事自体の意欲を失っていくのです。

❷目標、目的、意義を見失う時

人がもし、お金も成長も幸せも望まず、人生どうなったっていいやと思ったら何もがんばるはずがありません。

人は、漠然とでもいいので、今以上に幸せになりたい、成長したいという目標や、今よりは悪くなりたくないという目的があるから、なんとかがんばるのです。

さらに、現在やっていることの意義や意味、目的がないと、人は完全にやらされている感覚になり意欲を失っていくのです。

つまり、人はやらされている感覚を持つ時に目的や目標を失ったりします。

また、❶にあった自信を失った時やこれから後述する思い通りにならない時にも、目的や目標を失ったり、あきらめたりして、自ら物ごとを放棄してしまうこともあるのです。

❸思い通りにならない時

人は自分の思い通りにならないと不快な感情が生まれてきます。

いい上司と部下に恵まれ、お客様に信頼、評価され、目標に対しても常に順調にいっている時にやる気が失われることはありません。それでも、やる気が下がってしまうのは目的や目標を見失ってるからです。

逆に、人は自分に合わない上司や言う通りに動かない部下がいたり、お客様からクレームをもらったり、理不尽な対応を受けたり、目標に対しても順調にいかなかったりするという、「思い通りにならない状況」になるからこそ、不快な気持ちになり、やる気を失っていくのです。

こうやって見てみると、人がやる気を失うメカニズムが見えてきたのではないでしょうか。

そう考えると皆さんの新人や部下はどうでしょうか？

そして、このようなシチュエーションをお客様からだけでなく、皆さん自身が作り上げていることはないでしょうか？

部下を信頼しなかったり、怒ったりして、自信を失わせたり、仕事の意義や目的を語らず、ただ「やれ！」と命じてみたりと。

生まれ持ってやる気のない人などいないのです。人がやる気を失っていくのには理由があるのです。

だからこそ新人になってもらいたいのは、

1. 自信を持っている

2. 目標を描き、目的を描いている

３．思い通りにならない時にその環境に左右されず自立している

人材なのです。こうなることができれば、やる気は自然と最大化していくのです。

自燃型人材を育てる6つの思考法

どんな人でも自信を持つことで肯定感は大きくなります。その結果、夢や目標を描きやすくなります。

さらには、思い通りにならない時への対応策を身に付ければ、環境自立度が上がっていくのです。

それさえできれば不燃型人材でさえ、自燃型人材へと進化していくことができるのです。

その中で先ほど紹介した、3の思い通りにならない時に左右されない自立した人材になることが最も大切になります。

そこが弱いからこそ、思い通りにならないことをあきらめたりして、自信を失っていくということが多くあります。そして、自信を失うことで目標や目的を描きにくくなるという悪循環に入ってしまう新人たちが多いのです。

特に新人は環境に依存した他燃型人材が最も多いので、まず、環境自立度を高めていくことが重要になります。

それこそが新人のやる気を燃やして即戦力に変える、最も大切なポイントなのです！

人は様々な状況や出来事に対して「思考」が生まれます。

たとえば思い通りにならない代表的なものとして、問題が起こったとします。

問題という出来事が起こった時に「最悪だ……」とか「無理だよ……」や「なんで、これを自分がやらなきゃいけないの……」などのマイナスの思考が生まれると、やる気を失い行動をやめてしまうのです。

そういった状況になっても、やる気を失わずに、行動をやめない思考方法を身につけることが大切です。

やる気を失う悪循環

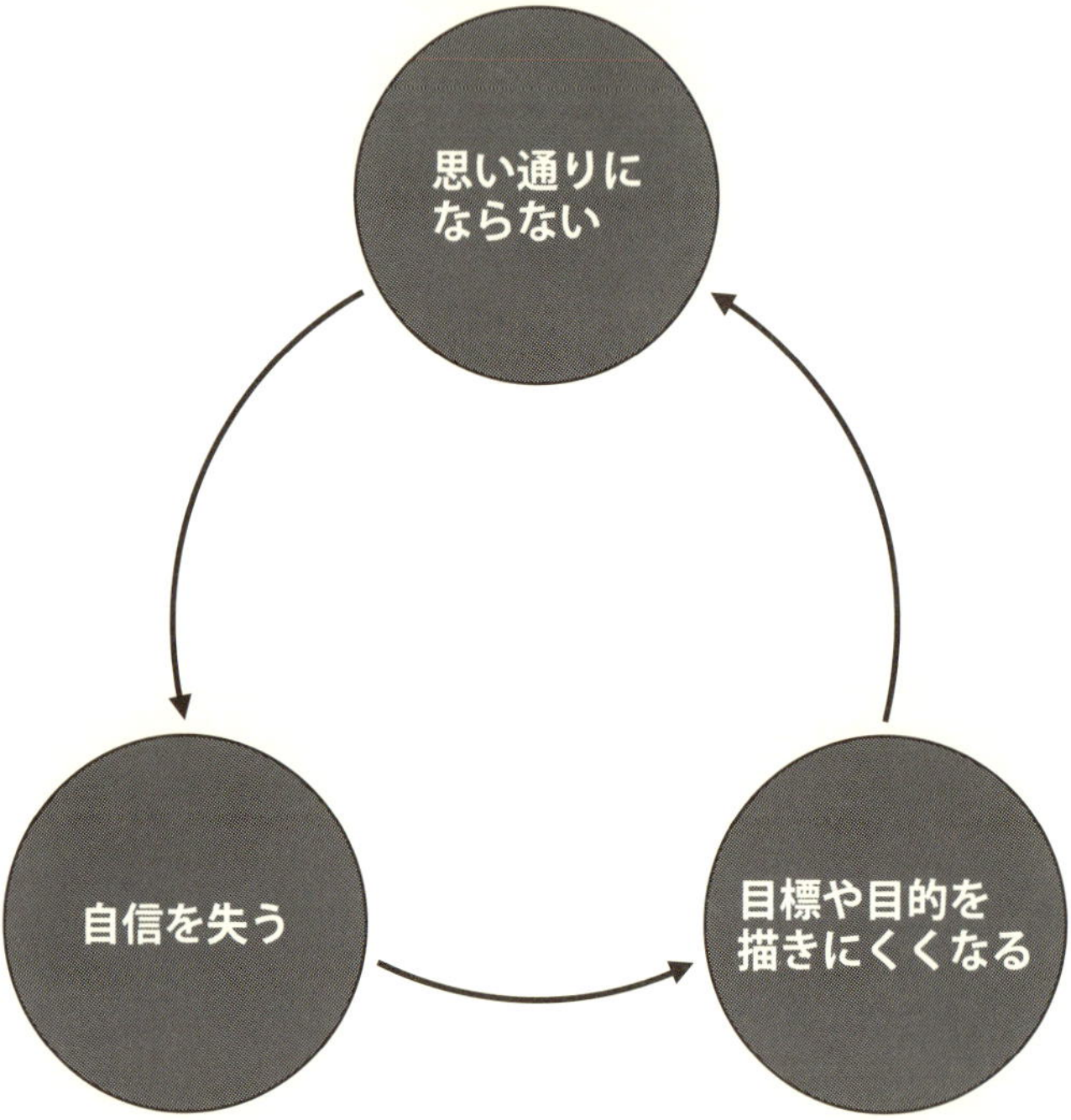

思い通りに
ならない
自信を失う
目標や目的を
描きにくくなる

そこで私たちが多くの新人に研修でマスターしてもらっているのが「６つの思考」です。

６つの思考とは、

- **限界突破思考**
- **主体的思考**
- **自己責任思考**
- **モチベーション管理思考**
- **ポジティブ管理思考**
- **感謝思考**

から成り立っています。

この６つの思考が、人がやる気を失う「３つ目の思い通りにならない時」を中心に、

「目標・意義を見失う時」、そして「自信を失う時」の3つの状態を支えることができる考えなのです。

それを新人に修得してもらうことこそが、新人を即戦力に変える方法なのです。

そして、そのために、自燃型人材を育成することを目指していくべきなのです。

では6つの思考とは何のことかを詳しく解説していきます。

環境自立するための3つの思考

限界突破思考

限界突破思考とは、様々な場面でできるイメージを持ち、できる方法を考え行動することです。

人は思い通りにならない時に「無理、できない……」と無意識に思ってしまいます。また、そうでなくても、勝手に限界を決めてしまう思考になりがちです。これを「限界思考」と呼んでいます。

人は無意識でいるとすぐに「無理だ」「できない」というように自分に限界を決めてしまうのです。また、「こんなもんだろう……」というふうに思ってしまうのです。「自分の業界は今こうだからしょうがない……」「自分の店舗の立地はこうだからしょうがない……」と限界をどんどん自分で決めていくのです。

すると、我々はそれ以上の努力や解決策を考えることをしなくなるのです。なぜなら、人は無理だと思っていることをやろうとはしない動物だからです。

だからこそ、このような限界にとらわれずに「どうやったらできるだろう?」と突破する方法を常に考えることが重要なのです。

そうすることで、人は可能性を探し、努力、行動することができるのです成果を出していく人、大きく飛躍する人は必ず限界突破思考を持っています。

この限界突破思考を身に付けることが、仕事で成果を出すうえで大きな一歩となります。

そして、この限界突破思考が環境依存に負けずに、「どんな環境でもできる方法を探していこう!」という自立を踏み出す大切な役割を担うのです。

主体的思考

主体的思考とはどんな時でも「自分ごと」で考えて行動することです。

反対は受身思考であり、「誰かから」そして「他人ごと」で考えて行動することです。

人はやらされていると思うと、モチベーションも下がるし思考の質も量も下がります。

本当は、人は困難や問題も大好きです。

毎年、東京マラソンには30万人前後の人がエントリーするそうです。42・195㎞を走るのはものすごい困難なことです。ただ、それだけ多くの人がエントリーをするということは、挑戦したいと思っている人がたくさんいるということなのです。

また、人は定年で退職してもゆっくりとはしません。仕事をしなくていいのなら、ゆっくり毎日寝てればいいのにも関わらず、ボランティアや新しい仕事を探したりします。

つまり、人は本当は困難に挑むことやがんばることが好きなのです。

しかし、そこに対して大切な要素が、「自分がやる」と決めていることです。そう主体的思考なのです。

仕事で主体的思考を身に付けることができると、「自分ごと」になり、仕事への意欲が大きく変化していきます。

もちろん、仕事ですから、自分がやりたいことをやれることは少ないかもしれないでしょう。しかし、やらなければならないのなら、自分がやると決めたと自覚して主体的になる方が、大きくモチベーションが上がり、行動の質と量を劇的に変えることができます。そして、成長と成果が大きく向上するのです。

だからこそ、どんな時でも自分ごとで考えて、自分から行動する主体的思考を身に付けることが大切です。

さらに、受身とはまさに環境依存の状態であり、どんな環境や状況でも主体的に考え行動することが環境自立をしていくうえでとても大切な考えになるのです。

総合法令出版 出版案内

話題の書籍

わたしが神さまから聞いたお金の話をしてもいいですか？

井内 由佳／著　¥1470

1万人以上の悩める人の相談に乗ってきた著者が解説する「お金の真理」。世に言われるお金の常識や習慣を取り上げ、丁寧に解説。人に愛され豊かになる方法を伝授します。

編集者よりひと言

著者自身も、数千万円の横領や家族の大病、子どもの死産など、人生の大きな山や谷を経験しながら、自らの人生で検証してきた真理です。お金に対する考え方が変わります！

世界の名言100

遠越 段／著　¥1575

エルバート・ハバード、ベンジャミン・フランクリン、ドラッカーといった偉人たちを始めとして、出光佐三といった近年評価が見直されている人たちの珠玉の名言を厳選収集。

編集者よりひと言

短い言葉で「こうだ！」と言い切る、偉人たちの名言のキレの良さと含蓄の深さは、その人たちの生き様とあいまって、我々の心を強く鼓舞し、また癒してもくれます。

ユダヤ人大富豪に学ぶお金持ちの習慣

星野 陽子／著　¥1365

4畳一間、資産ゼロから6億円の不動産投資家へ。ユダヤ人大富豪から直接学んだ「行動」を「お金」に変える方法とは？年収250万円から身につける「お金の知恵」。

編集者よりひと言

どこにでもいる“普通の”女性だった著者がユダヤ人に出会って変わる姿は必見！仕事も家庭もあきらめない生き方は、読めば読むほど行動することの大切さを教えてくれます。

2013年11月1日発行

表示価格はすべて消費税(5%)込総額です。

000017

若さやパワーに
頼らなくても、
飛距離は伸びる！
今、ゴルフ界で注目を集める山本プロの「The Right Pointed Swing」は、右股関節を軸に、"地面反力"と"遠心力"を最大限に活用した新ゴルフ理論。筋力に頼らず、身体もねじらないため、腰痛などのスポーツ障害とは無縁！年齢に関係なく250ヤード超を実現する世界基準のメソッドです。
￥19,600（税込）
プロコーチ山本誠二 presents
ゴルフアンチエイジング！
10歳若返るゴルフスイング新理論
3枚組DVD-BOX
●3枚組DVD－BOXには上巻・下巻・特典DVDが収録されています。上巻・下巻単品でのご購入も可能です（各¥9,800／税込)。●特典DVDは、DVD－BOX購入者限定商品のため、非売品となります。上巻・下巻単品でご購入の方はご利用になれませんので、ご了承ください。●現在、送料無料キャンペーン実施中です。
Youtubeにて
DVDダイジェスト
動画配信中！
http://bit.ly/svATkw
ご購入は、特設ページよりどうぞ！
http://www.horei.com/yamamotoseiji/
※書店ではお買い求めになれませんのでご注意ください。

ワンピースの言葉

遠越 段／著　¥1365

『ワンピース』は人生のバイブルだ！　ルフィたちの名言を通して、生きがい、リーダーシップ、行動力、目標設定、コミュニケーション、社会の真実など、人生で大切なあらゆることを学ぶ！ワンピースの言葉と哲学が、日本と世界の未来を救う！『ワンピース』が10倍深く楽しめる！　“Dの意志”も徹底解明。

桜木花道に学ぶ“超”非常識な成功のルール48

遠越 段／著　¥1365

一見、常識のかけらもない無鉄砲な男のように見える桜木花道だが、実は人生において大切なことはしっかりと実践しているのである。その生き方を学び身につければ、どんな時代、どんな環境においても必要とされ、活躍できる人間となっていくことができる！

20代のうちに知っておきたいお金のルール38

千田 琢哉／著　¥1260

20代を中心に圧倒的な支持を得ているベストセラー著者が説く、「お金からも愛される」ための大切な38のルール。短くてキレのある言葉にグサリと打ちのめされる読者が続出。

20代のうちに知っておきたい言葉のルール21

木村 進／著　¥1260

著者が、これまで多くの若者たちと対話する中でアドバイスしてきた「人に好かれて運がよくなる言葉の使い方」を、人生における先輩（偉人）たちの言葉も交えて紹介。

ダメ販売員だった私がNo.1スタッフになれた“ちょっとした”習慣

内藤 加奈子／著　¥1365

接客販売は、礼節、ホスピタリティ、商品知識、購買心理と学ぶことがたくさん。でも堅苦しく考える必要はありません。入社時はダメダメ販売員だった著者は、入社２年目でフロア売上No.1に、現在では昨対240%の実績を叩き出すコンサルタントに！これを可能にする人の、人とはちょっぴり違う接客の秘密！

郵便はがき

料金受取人払郵便

赤坂局承認

6084

差出有効期間
平成27年5月
31日まで

切手をお貼りになる
必要はございません。

1078790

111

港区赤坂1-9-15
日本自転車会館2号館7階
総合法令出版株式会社 行

本書のご購入、ご愛読ありがとうございました。
今後の出版企画の参考とさせていただきますので、ぜひご意見をお聞かせください。

フリガナ お名前	性別 男・女	年齢 歳
ご住所 〒 TEL ( )		
ご職業 1.学生 2.会社員·公務員 3.会社·団体役員 4.教員 5.自営業 6.自由業 7.主婦 8.無職 9.その他( )		

メールマガジンにご登録の方から、毎月10名様に書籍1冊プレゼント!

メールマガジン「HOREI BOOK NEWS」では、新刊情報をはじめ、書籍制作秘話や、著者のここだけの話、キャンペーン情報など、さまざまなコンテンツを配信しています。

※書籍プレゼントご希望の方は、下記にメールアドレスと希望ジャンルをご記入ください。書籍へのご応募は1度限り、発送にはお時間をいただく場合がございます。結果は発送をもってかえさせていただきます。

ご希望ジャンル：☐ 自己啓発　☐ ビジネス　☐ スピリチュアル

E-MAILアドレス　※携帯電話のメールアドレスには対応しておりません。

お買い求めいただいた本のタイトル

■お買い求めいただいた書店名

（　　　　　　　　　）市区町村（　　　　　　　　　）書店

■この本を最初に何でお知りになりましたか

□ 書店で実物を見て　□ 雑誌で見て（雑誌名　　　　　　　　　）
□ 新聞で見て（　　　　　　新聞）　□ 家族や友人にすすめられて
総合法令出版の（□ HP、□ Facebook、□ twitter、□ メールマガジン）を見て
□ その他（　　　　　　　　　）

■お買い求めいただいた動機は何ですか（複数回答も可）

□ この著者の作品が好きだから　□ 興味のあるテーマだったから
□ タイトルに惹かれて　□ 表紙に惹かれて　□ 帯の文章に惹かれて
□ その他（　　　　　　　　　）

■この本について感想をお聞かせください

（表紙・本文デザイン、タイトル、価格、内容など）

（掲載される場合のペンネーム：　　　　　　　　）

■最近、お読みになった本で面白かったものは何ですか？

■最近気になっているテーマ・著者、ご意見があればお書きください

ご協力ありがとうございました。いただいたご感想を匿名で広告等に掲載させていただくことがございます。匿名での使用も希望されない場合はチェックをお願いします☑
いただいた情報を、上記の小社の目的以外に使用することはありません。

自己責任思考

自己責任思考とは、どんな状況や環境になっても他人や環境のせいにせずに、自己責任で考え行動することです。

人は思い通りにならない時に、人のせいや環境のせいなど、自分以外の他に責任を求めてしまうのです。

皆、頭ではなんとなく人のせいや環境のせいなど、他責にすることは良くなく自己責任で考えることの方がいいとは思っています。でも、本当にそれをしっかりと実践できている人は少ないと思います。特に社会人になりたての新人は、この考えが弱いと思います。

人のせい、環境のせいにしても何も変わりません。

たとえばプレゼンの準備を当日にしていたら、上司に、「当日に準備をしているようじゃだめだ！」と怒られて、その説教の時間のために準備の時間がなくなり、結果としてプレゼンの結果が悪かったとします。

それをどっちが悪いかと議論して何の解決があるのでしょうか？　たとえば、長い説教をした上司が悪いと言ったところで何が変わり、どんな成長が自分にあるのでしょうか？

たしかに、少しは自分の気持ちが楽になります。自分は悪くないんだと思って一瞬の安堵は手に入るでしょう。

でも、それだけなのです。

上司が悪いとか、部下のせいだと言って、その上司や部下が明日から別の部署に行ってくれるなら、それは相手に否を認めさせたり、善悪を戦ってもいいかもしれません。

でも、上司は変わらず明日からもいるのです。それならば、これからは事前に準備をするようにしようと思った方が、自分の成長にも学びにもなると思うのです。

そのためにも、**自己責任で考え、自分に矢印を向け自分ができることを考え行動する自己責任思考が大切です。**

それこそが、いつでも苦しい状況を打破し、自分を成長させる大きな鍵なのです。

そして、環境依存から環境自立する大きな鍵はこの自己責任思考にあります。人のせいや環境のせいにして、そこに振り回されているのは環境依存している状態です。どんな状況や環境になっても他人や環境のせいにせず自分の責任と思い、行動できる人間になった時に完全なる環境自立をした状態へ変化、進化していきます。

この３つが行動を最大化し、環境自立するための思考です。

行動を維持、継続する2つの思考

そして、この後解説する2つが、行動を維持、継続していく思考です。

環境自立をしていくと、行動が最大化し、成長していきますが、その分、問題や困難はたくさん訪れます。

そこに負けないために以下の2つの思考が大切になるのです。

モチベーション管理思考

モチベーション管理思考とは、モチベーションを把握し自分自身でマネジメントする思考です。

モチベーションは行動を支える原動力です。そのモチベーションは人であれば必ず上下するものです。

だからこそ、そのモチベーションを外的要因にだけ左右されずに、自分自身で管理していくという思考なのです。

さきほど、人がやる気を失っていくパターンをお話ししましたが、その中でも２つ目の目的や目標、意義を見失うと、モチベーションが下がるという傾向があります。

どんな時でも、自分でちゃんと目標を設定したり、指示された仕事も目的や意義を自分で描いたりしていくと、モチベーションが下がりにくくなります。

そして、もう1つは自分自身のモチベーションが上がるパターンと下がるパターンを把握し、自分の考え方でなるべく安定したモチベーションに管理していくことが大切です。

今いるチームが良い人たちばかりで、目標に向けても順調に進んでいて、プライベートも順調ならモチベーションが下がることはないと思うのです。

そうではなく、同じチームに自分にとって嫌な人がいる。お客様からクレームをもらった。目標になかなか到達しない。プライベートで問題が出ている。そんな状態がモチベーションを下げていってしまうのです。

でも、それは環境にモチベーションを依存している状態です。そうではなくて、どんな時に自分のモチベーションが下がるのかを知り、その状況になった時に自分でモチベーションを管理できるようになることが、**安定した行動を生み、環境に左右されずに自立した人間へと成長できる大きな鍵なのです。**

ポジティブ管理思考

ポジティブ管理思考とは様々な出来事に対して、自分自身でポジティブな側面を見出す思考です。

人は思い通りにならないとネガティブ思考になりがちです。すると、ネガティブな発想と行動が生まれ、ネガティブな成果が出る確率が高まります。そこでポジティブ管理思考が身に付いていれば、自分の意志でポジティブな状態へ持っていくことができるのです。

世の中に起こる出来事には何の意味もないのです。

たとえば、雨が降って「嫌だな……」と思う人もいれば、アフリカで農業をしていて「恵みの雨だ！」と喜ぶ人もいるのです。

つまり、雨自体に良いも悪いもなくて、１人ひとりが勝手に意味付けをして、ポジティブにもネガティブにもなっているのです。

その意味付けを自分でコントロールし、ポジティブな状態へ持って行こうというのがこの思考で大切なポイントなのです。

人はポジティブな状態の方が、発想も行動も良い物が生まれる確率は高まります。

そして、自分自身の心も安定するので、幸せももっと感じられやすくなると思うのです。

そして、ポジティブ管理思考で大切なのは、ネガティブとポジティブの０か１００かの２つに分けないこと。

自分のネガティブとポジティブの心のメモリをマイナス10〜プラス10まであると考えるのです。

たとえば、財布を落としてマイナス10の気持ちになります。そのまま、「今日は最悪だ……」と思って仕事に向かって不快な顔とやる気のない気持ちでお客様に接客します。そのお客さんがその表情を見て、不快な気持ちになってクレームを言ってきます。そして、「あー、今日は本当にツイテない……」と思ってしまう。

こんなスパイラルをよく見ると思うのですが、財布を落としたらマイナス10の気持ちには誰だってなります。

そこで、いきなりプラス10に持って行こうなんていうのは、とてもハードルが高いと思うのです。

そうではなくて、まずはマイナス10がマイナス3になれば、「あー、財布失くしたのは残念だけど、よしなんとかがんばろう!」という気持ちになれるかもしれません。

それだけで、そこからの未来は変わっていく可能性が高いのです。これができるようになるのがポジティブ管理思考です。

様々な出来事や問題という環境に依存しネガティブになるのではなく、**少しでもポジティブな方向へ気持ちを上げていくことを、自分でできるようになることがとても大切になります。**

5つの思考を支える6つ目の思考

そして、最後はこれまで紹介してきた5つの思考を下支えしてくれる思考です。

感謝思考

感謝思考とは、自分の中の〝あたりまえ〟を下げ、まわりで感謝できることを見つけて伝えていく思考です。

人は無意識に〝あたりまえ〟というラインを持っています。その〝あたりまえ〟を上回ると、「こんなことまでしてくれて！」というような感情が生まれて感謝が生まれます。

しかし、逆にその〝あたりまえ〟を下回ると「なんでこんなこともしてくれないんだ！」と不平不満が生まれます。

そして、人は不平不満を持っているとエネルギーが下がり、人からの信用も著しく損ないます。

逆に感謝を持っているとエネルギーが上がり、多くの人に好意を持ってもらい信頼関係も築きやすくなります。

もし、会社のこと、チームのこと、そしてあなたに関わることに対して、不平不満を言っている人と毎日一緒にいたいと思いますか？　感謝できると思いますか？

多くの人はＮＯだと思うのです。それよりも、自分のこと、チームのことに感謝をしてくれる人に多くの人は好感を持ち一緒にいたいと思うのです。

それくらい感謝はとても大切なキーワードです。

また、感謝の気持ちは大きなエネルギーへと変わるのです。多くのアスリートや経営者など、成功した人のインタビューや本を見てみると、多くの人が「感謝」という言葉を必ず挙げています。

それは、感謝という考えが行動を支え、多くの人が応援してくれるうえで大切なことだという証拠でもあると思うのです。

環境に依存して、不平不満を言うのではなく、いつでも感謝の気持ちを持って行動していくこと。そして、自立をしても人に感謝ができる人間になると、孤立はせずに最高のチームを作ることができる大きな鍵となるのです。

この6つの思考を身に付けることで、思い通りにならないような環境になっても、そこにとらわれたり、流されたり、マイナスな行動をしたり、途中で行動を止めたり妥協せずに、常に成果に向かってベストな行動を探し、そこに向かって行動を最大化し、進んでいくことができる人材になります。

このような自燃型人材に新人、部下を育てていくための具体的な方法は、3章で説

YARUKI

第 2 章
新人がやる気に燃え、
即戦力に変わる 6 つの思考法

明をしていきます。

第3章

6つの思考を習得してもらう18のアプローチ法

ここまで何度かお伝えしてきているように、新人を即戦力とするためには、やる気が燃えている状態であることが大切です。

今回は「即戦力に変える」と題していますので、新人が意識せずに6つの思考を習得し、その燃えている状態を作るための方法をお伝えしていきたいと思います。

それぞれの思考に3つのアプローチ法を紹介しますので、ぜひ各思考のうち1つでも実行に移してみてください。

限界突破思考…できるイメージを持ち、できる方法を考える思考

❶新人の限界（思い込み）を外す質問をする

前述したように人はすぐに「無理だ……」とか、「できない……」とか、また「こんなもんだろう」という、勝手な思い込みという名の限界を作ってしまいます。

それを突破し、様々な選択の場面で「できる」というイメージを持ち、考え、行動

することこそが「限界突破思考」です。

限界を外して、できるイメージを持ってもらうために、質問をするのです。

たとえば、私が新人だった頃、上司に、
「もし、この目標が未達なら『家族が死ぬ』という条件でも、君は無理というのか？」
と言われていました。

これは、今思えば、決していいアプローチではないと思うのですが、ただハッとしました。自分では、半月も経っているのに、目標は10％くらいしか達成していない。だから、「もう無理だ……」とあきらめはじめていました。

ところが、上司からそんなことを言われると思わずハッとして、たしかに家族が殺されるという条件だったら絶対にあきらめないし、なんとか方法を模索するなと考えました。そこから、もう一度達成しようとする意欲が高まったという経験があります。

これは、どちらかというとネガティブなアプローチ法ですので、イマドキの新人にはあまり合わないかもしれません。

逆にポジティブに、

「一旦できる、できないを置いておいて、何でも叶うとしたら、今年会社で何をしたい？」

とか、

「もし、君が日本一の営業パーソンで結果を出していたら、こんな時にどう考えて、どんな行動する？」

などと質問してみてください。

このような質問をすることによって、今とらわれている「自分には無理かも」という思い込みを一旦外してあげて、方法や未来を描く状態を作ることができるのです。

限界思考が出てしまうのは、特に、夢や目標を描く時と、問題や困難が起こった時の2つです。

両方とも根本は「自分には無理」という思い込みが障害になるのです。ぜひ、質問をして、その思い込みを外して考えさせる機会を与えてあげてください。

❷「できない」を全部「できる」に変換して返す

経営の神様と言われた松下幸之助氏は、社員からできない理由が挙がった時に、全部を「できる」に変換したそうです。


たとえば、「このままではできません」と言われたら、

「じゃあ、やり方を変えればできるってことだね」

と。


また、「1人ではできません」と言われたら、

「じゃあ、人数を集めればできるってことだね」

さらには、

「すぐにはできません」と言われたら、

「じゃあ、時間をかければできるってことだね」

と。


そして、できないことなんて1つもないんだ。全部変えていけばできるんだ、と言

っていたそうです。

イノベーションを生み出す社長は限界思考を極端に嫌がります。
自動改札機やATMなどを開発した、オムロンの創業者である立石一真《たていしかずま》氏は「できませんと言うな」が口癖だったとのこと。

また、スティーブ・ジョブズ氏はできない理由を挙げることを極端に嫌がり、初期の頃は、「できません」と口にした社員を簡単にクビにしてしまっていたそうです。
(それは問題ですが……)

ただ、「できないって言うな!」というアプローチですと、イマドキの新人はそれでシュンとなってしまう可能性があるので、松下幸之助氏のように、「できる」に変換してあげるのがオススメです。
「○○という理由でできません。無理です」という新人に、「じゃあ、ここをこう変えたらできるよね」とか「ここをこうしたらできるんじゃない」と伝えていくことで「無理」という思考停止状態を、解除します。

たとえば、先月より大きな目標を与えた時に「いやぁ……。その数字は難しそうです」という言葉や否定的な反応をしてきた新人に、一旦その気持ちも受け止めてあげながら、

「その数字を出すには、具体的にここの数字を上げればいいよね。そうしたら、この訪問数だけ上げればいけるんじゃやない？」

と投げかけてあげてください。

また、「失敗したらどうしましょう……」と新人が言ってきたら、

「逆に、成功したらどうなると思う？」

と切り返してあげて、少しでもプラスの側面を見せてあげられると、きっと新人の心は燃えてくるはずです。

❸ 成功事例を共有する

人はみんなができるものをできないとはなかなか思わないものです。

たとえば、自転車に乗ることを無理だと思う人は、ほとんどいないと思うのです。だからこそ、あんなに転んで痛い思いをしても、やめたりあきらめたりすることなくやり続ける。だから結果が出るのです。

また、みんな乗れるようになるまでの過程で必ず転んでいるし、痛い思いをしています。教えている親も、その経験を通して乗れるようになっているからこそ、「大丈夫だよ！　乗れるよ！」とアドバイスし、応援し続けてくれるのです。

だからこそ、新人が今やっている仕事で成果が出た事例をたくさん共有しながら、「みんな成果を出している」と感じてもらうとともに、「みんなが同じようにうまくいかない経験や失敗を通ってきているよ」ということを伝えてあげることで、新人は「自分にもできるんだ」と思うはずです。

また、同じ分野の仕事の成功事例をたくさん共有することで、「そんな方法で成果が出るんだ！」という新しい気づきを与えることができます。

「自分には無理かも……」と思ってしまっていても、成功事例をたくさん知ることで「そんな方法があったんだ！　自分にもできるかも！」と思ってもらえたらしめたものです。

ぜひ、限界を突破し、どんどん挑戦、行動、改善をする新人へと成長させてあげてください。

限界突破思考

1 新人の限界（思い込み）を外す質問をする

「一旦できる、できないを置いておいて、何でも叶うとしたら今年会社で何をしたい？」
「もし、君が日本一の営業パーソンで結果を出していたら、こんな時にどう考えて、どんな行動する？」

2 「できない」を全部「できる」に変換して返す

部下「１人ではできません」

⬇

上司**「じゃあ、人数を集めればできるってことだね」**

部下「すぐにはできません」

⬇

上司**「じゃあ、時間をかければできるってことだね」**

3 成功事例を共有する

新人がやっている仕事と同じ、または、似ている仕事の成功例を伝える

Point
「自分にもできる」という気持ちを持ってもらえ、新しい方法を見つけられる気づきにもなる

主体的思考…自分ごとで考えて自分から行動する思考

❶ 目的を持ってもらう

この主体的思考になるために大切な要素としては、「目的を持つ」ことです。
人は目的を持つことで、目の前の仕事が自分にとってとても大切なモノへと変わり、自分ごとで捉えはじめていきます。

しかし、仕事の大半は指示されたり、お願いされてやることが多いものです。特に、新人の仕事のほぼ全ては上司など、まわりからの指示によるものです。
そうすると、人はやらされた感覚が生まれ〝他人ごと〟そして、〝他人から〟の指示でしか動けない、受身的思考になってしまうのです。

だからこそ、どんな仕事にも目的を見出していくことができるようになることが、とても大切です。

新人をこの状態にするためにも、「この仕事は何のための仕事だと思う?」などと投げかけていくと、自分自身で仕事の目的を考える癖と習慣がついてきます。

新人は最初から考えるのは難しいので、皆さんの方から、「この仕事の目的は……」と説明してあげることが効果的です。

そこから、徐々に、自分で目的を考えられるように自分自身に質問を投げかけていけるようになることがベストです。

また、新人の価値観をしっかりと把握しておくことも大切です。

特に押さえておくべき価値観は、仕事の中で大切にしている価値観です。

たとえば、弊社の社員ですと、仕事の中で大切にしている価値観は、「自己成長」という者がいます。

そうした時に、仕事の目的を伝えると同時に、この仕事がどう「自己成長」につながるかを伝えることで、指示した仕事が自分ごとへと変わっていきます。

「この仕事は、お前のこういう成長につながっていくから頼むな！」
の一言が大きな効果を発揮します。

また、他の社員は、「誰かに喜んでもらえること」を仕事の中で一番大切にしている価値観の者もいます。

その社員には、同じ仕事を依頼したとしても、
「この仕事をすることで、○○さんがこんなふうに助かってすごく喜んでくれると思うから頼むね！」
という一言を添えます。

こうした、一言を伝えて、新人が主体的に取り組める状態を、アシストしてあげてください。

❷自分が選択しているという意識を持たせる

私たちが行っている研修の一コマでたまにやるのですが、1人の受講生を指名して

「立ってください」とお願いします。

するると、指名した全ての人がすくっと立ちます。その後に、「何で立ったんですか？」と聞くと、「いや、水野さんが立ってと言われたので」とほとんどの人が答えます。

「じゃあ、全裸になってください」と言うと、もちろん「無理です！」と言ってみんなが全裸にはなりません。あたりまえですが（笑）。


ただ、ここで重要なのは、さきほど「立ってください」と私が言ったことには何も考えず、立ったわけです。

しかし、全裸の指示に対しては「無理」と言ってやりませんでした。

つまり、人は誰かの言うことを聞いているようですが、結局は最終的に自分の意思、選択でしか行動しません。

だから、立ったのも、全裸にならないのも全て自分の意思なのです。


ここを認識できるかどうかだけでもずいぶん変わります。

私たちは催眠術師でもなければ、人をコントロールすることもできないのです。新人の彼らも、全ては自分の意志で最終的には行動しているのです。

だからこそ、指示された仕事も最終的に「やる」と決めているのは、自分だということを知って行動してもらうことがとても大切になります。


人は同じ行動でも、やるのか、やらされているのかで、全く違う感覚になります。「やる」と決めた途端、自分ごとになるので、意識も行動の質も量も変わってきます。しかし、「やらされている」と思うと、モチベーションはなかなか上がりません。

だからこそ、自分でやると決めている状態を作ってあげることがとても大切になるのです。

❸ 期待を超える楽しさ、重要性を教える

仕事には必ず誰かの期待があります。たとえ、コピーを取ることをお願いされても、どれくらいの時間で、どれくらいのクオリティーでやってもらえるかという期待が無

意識ながらお願いした方にはあるのです。

そして、仕事をお願いした側は結果に対して期待を下回ったのか、期待通りなのか、期待を上回ったのかを評価していきます。


もちろん、皆さんも必ず期待と評価をしています。

たとえば、飲食店に入ったら、

「このお店だったらこれくらいのクオリティーの料理は出てくるかな」

「この料理ならこれくらいの値段かな」

「このくらいのサービスはしてくれるだろう」

という期待があります。

そして、それに対して、期待通りだったら、「まあ良かったよね」という評価ですが、期待を下回ったら、二度とお店には行かないと思います。逆に、期待を上回って、「この値段でこんなに美味しいの！」とか、「ここまでサービスしてくれた！」となると、人はファンになり、リピーターになるのです。

つまり、「期待を超える」ということは仕事においてとても大切ですので、それを新人に伝えてください。

そして、仕事を振る時は、最初は期待を明確にして、「これくらいの時間やこれくらいの品質でやってもらいたいと思っている」ということを伝えるのも、はじめは効果的だと思います。

そして、期待を超えた時は思いっきり評価してあげて、期待通りでも、仕事を認めたうえで、期待を超えることの大切さを伝えてあげてください。

主体的思考とは自分ごとで考え行動することですが、この期待を超える意識を持つと、どんな仕事も「どうやったら相手の期待を超えられるだろう」と考えることで、自分ごとの仕事に変わっていくのです。

指示された仕事でも

「この人の期待は何だろう？」

と考えている時点で全て「自分ごと」の仕事になっており、主体的思考になっています。

だからこそ、相手の期待を超える意識を持つことはとても重要になります。

主体的思考

1 目的を持ってもらう

「この仕事は何のための仕事だと思う？」

「この仕事は、お前のこういう成長につながっていくから頼むな！」

「この仕事をすることで、○○さんがこんなふうに助かってすごく喜んでくれると思うから、頼むね！」

Point
部下の仕事に対する価値観に合わせた伝え方をする

2 自分が選択しているという意識を持たせる

たとえ、指示された仕事でも、最終的に「やる」と決めているのは自分であることを、伝える。

3 期待を超える楽しさ、重要性を教える

仕事を振る時は、最初は期待を明確にして、どのくらいの時間や品質でやってもらいたいのかということを伝える

Point
期待を超えた時は思いっきり評価し、期待通りでもその仕事をしっかり認める

自己責任思考…人や環境のせいにせず、自分の責任で考え行動する思考

❶「もし後輩にアドバイスするならどう考える?」と聞く

多くの人が自己責任思考の大切さをわかっているのですが、実はなかなか実行できていないケースも多いのです。

その原因の1つは、自分が怒られたり、責められたりすると、自分自身を守ろうとする自己防衛本能が働くからです。そのため、ついつい人に矢印を向けてしまうのです。

そんな時は、「もし、後輩にアドバイスするなら?」と質問をします。

私の研修では、ケーススタディーとして、先輩役になってもらい、後輩から相談を受けるシチュエーションを体験してもらいます。

後輩からは、「上司からコピーを取ってくれとだけ言われたので1部だけコピーを

して渡したら、全部で20部必要なんだよと怒られたんですけど、それって、必要な部数を言わない上司が悪くないですか⁉」という相談を受ける設定になっています。

それに対して、後輩がもっとも成長できるようにアドバイスをしてほしいとお願いします。すると、ほとんどの人が、「『何のためのコピーですか？』とか『何部必要ですか？』と自分から聞けたよね」とアドバイスをするのです。

つまり、自分からできる、改善ポイントをアドバイスしているのです。

こうやって、後輩にアドバイスする側になると、人は相手に対して最もためになるような行動を考えられるのです。

だからこそ、新人にも自己責任で考えてもらいたい時は、

「じゃあ、もし部下が成長できるようにアドバイスするとしたらどう伝える？」

とアプローチすることで、すんなりと自己責任で考えられるようになります。

❷「自分にできることは何かある？」「ここから学べることはある？」と質問をする

なぜ、自己責任思考が大切かと言うと、人のせいや環境のせいにしても、結局一瞬の安堵しか手に入らずに、根本の問題は何も解決していないからです。

たとえば、店舗型のビジネスをしている場合、どうしても、どの場所に店舗を出しているかでお客さんの入りが違ってくると思います。

でも、それを「自分のいる店舗は立地が悪いからダメだ……」と立地のせいにして行動しなければ、もちろん売上は上がりません。そして、会社や上司からの評価は下がる一方です。

つまり、人のせいや環境のせいにしていても何も問題は解決せずに、むしろ悪循環に陥る可能性の方が高いのです。

だからこそ、自己責任思考で考え、しっかりと自分に矢印を向けていき、「今できることは何か？」「ここから学べることは何か？」を考えることが最も大切なのです。

ですので、問題が起こったり、様々な外部環境の状況があって仕事が思い通りにいかなくても、そこに目を向けさせるのではなく、

「たしかに、厳しい状況かもしれない。ただ、ここで自分ができることは何かないか考えてみよう！　何かあるかな？」

とか、

「誰が悪いとか考えても意味がないよ。それよりも、ここから自分が学べるところや成長できることは何かないか考えてみよう！」

などと問いかけていくと、少しずつと自己責任思考が身に付いていくはずです。

❸お互い自己責任でいくと事前に決める

たとえば、今月チームの成績が芳しくない場合、ミーティングの場で成績が伸びなかった新人をやり玉に上げて、「何でお前は結果が出てないんだ！」と責めるケースがどこの会社でも見られるのではないでしょうか？

すると、その新人は、「いや、思ったより他の仕事があって……」とか「ここのエリアが良くなくて……」とかそんな理由を並べるかもしれません。

または、「自分の努力不足です……」と無理やり言うかもしれませんが、本心は「だって、しょうがないじゃん……」と思っていることがほとんどかもしれません。


前述したように、人は、本当は自己責任で考えることが大切だと思っていますが、自己防衛本能によって自分を守ろうとします。

その中でも、人から責められると、その傾向は顕著になるのです。

自己責任思考と自己処罰概念は違います。自分を責めて、処罰してほしいわけではないのです。

しかしここで大切なのは、そこから自分が改善できることや成長につながる部分を探し、行動していくことなのです。


自己責任の大切さを新人にしっかりと伝えてから、

「俺もチームの状況に関しては自分に責任があると思って話をする。だから、お前も人や状況のせいにしたりせず、全部を自己責任で捉えて考えてみてくれ」
と約束していくのです。

そうすることで、ミーティングでも、チームの問題をみんなで自己責任で捉えてから発表しようと言うと、とても良いアイデアや具体的な行動の生まれる可能性が高まっていきます。

また、新人もみんなが自己責任で考えるからこそ、自己責任で考えるのが当たり前になり、自然と自己責任思考ができる人間へと成長していきます。

自己責任思考

1 「もし後輩にアドバイスするならどう考える？」と聞く

「じゃあ、もし部下が成長できるようにアドバイスするとしたらどう伝える？」

2 「自分にできることは何かある？」「ここから学べることはある？」と質問をする

「たしかに、厳しい状況かもしれない。ただ、ここで自分ができることは何かないか考えてみよう！ 何かあるかな？」
「誰が悪いとか考えても意味がないよ。それよりも、ここから自分が学べるところや成長できることは何かないか考えてみよう！」

Point
外部環境に目を向けさせずに自分に矢印を向けさせる

3 お互い自己責任でいくと事前に決める

「俺もチームの状況に関しては自分に責任があると思って話をする。だから、お前もちゃんと全部を自己責任で捉えて考えてみよう」

Point
新人だけでなく、チーム内でも自己責任で考えるように伝える

モチベーション管理思考…自分のモチベーションを自身でマネジメントする思考

❶ 部下の夢と今行っていることをリンクさせる

モチベーションとは自分が行動する理由であり、源泉となるものです。これは働くうえで大きな力になります。

ただ、多くの人がやりたいことがわからなかったり、夢がなかったりするのもまた事実です。

しかし、**夢とは「自分自身がワクワクする目標」**であって、小さいとか大きいとかは一切関係なく、どんなことでも、自分自身にとってワクワクすることならば何でもいいのです。

だからこそ、新人には、「もし、今の仕事で何でも叶うとしたら何をしたい？」とか、「漠然としていてもいいから、5年後にこんな自分になっていたらワクワクすることって何？」などと聞いてあげてください。

そうすることで、夢を引き出してあげてほしいのです。

そして、大切なのはそれだけで終えないことです。

本当にワクワクする夢を描けても、今とつながっていないと、今の仕事や行動へのモチベーションにはならないのです。

その「自分自身にとってワクワクする目標」である夢と今行っていることをリンクさせてあげることで、今の行動が夢につながっているんだと思えてやる気が湧いてくるのです。

私は必ず新入社員には夢を描いてもらいます。どんな夢でもいいのです。「将来は一軒家を購入したい！」「幸せな家庭を作りたい！」「会社や社会に必要とされる人材になりたい！」など、何でも構わないのです。

あとは、漠然としているものは、もうちょっと具体的にしてあげながら、今行っていることと未来がつながっていることをイメージさせてあげるのです。

たとえば、「幸せな家庭を作りたい！」と言っている新人がいたら、

「幸せな家庭ってもっと具体的に言うとどんな感じ？」

「子供は何人くらい？　家のイメージは？　車とか持っている？　旅行とか行っている？」

と聞いてあげることで、夢はどんどん具体化していきます。

そして、それだったら、10年後には年収がどれくらいないと実現しないなどの話をしながら、

「だったら、今これくらいがんばって成長していこうよ！」

と夢と現実をつなげてあげるのです。

そうすることで、きっと自分の中のモチベーション管理思考の基礎ができあがっていきます。

❷自分のモチベーションパターンを把握させる

モチベーションは誰でも上がったり、下がったりするものです。

メジャーリーガーのイチロー選手だって、サッカー選手の本田圭祐選手だってモチ

ベーションは下がったりするのです。

だから、モチベーションは誰でも上がるものであり、下がるものであるということを先輩である皆さんが把握しておくことも大切ですし、新人に伝えることも大切です。

それを知って、認めたうえで、自分でモチベーションをコントロールすることが「モチベーション管理思考」なのです。

次のステップは、自分のモチベーションが上がるパターンと下がるパターンを把握させることです。

人は様々な価値観や好き嫌いがあるので、これをやったら誰でも絶対にモチベーションが上がる、というものはありません。

ある人にとっては甘いものを食べることが大好きで、甘いものをイメージしただけでもワクワクするかもしれませんが、甘いものが苦手な人にとっては、甘いものを出されても苦痛でしかなく、逆にモチベーションが下がるかもしれません。

だからこそ、自分にとってモチベーションが上がるポイント、下がるポイントを把

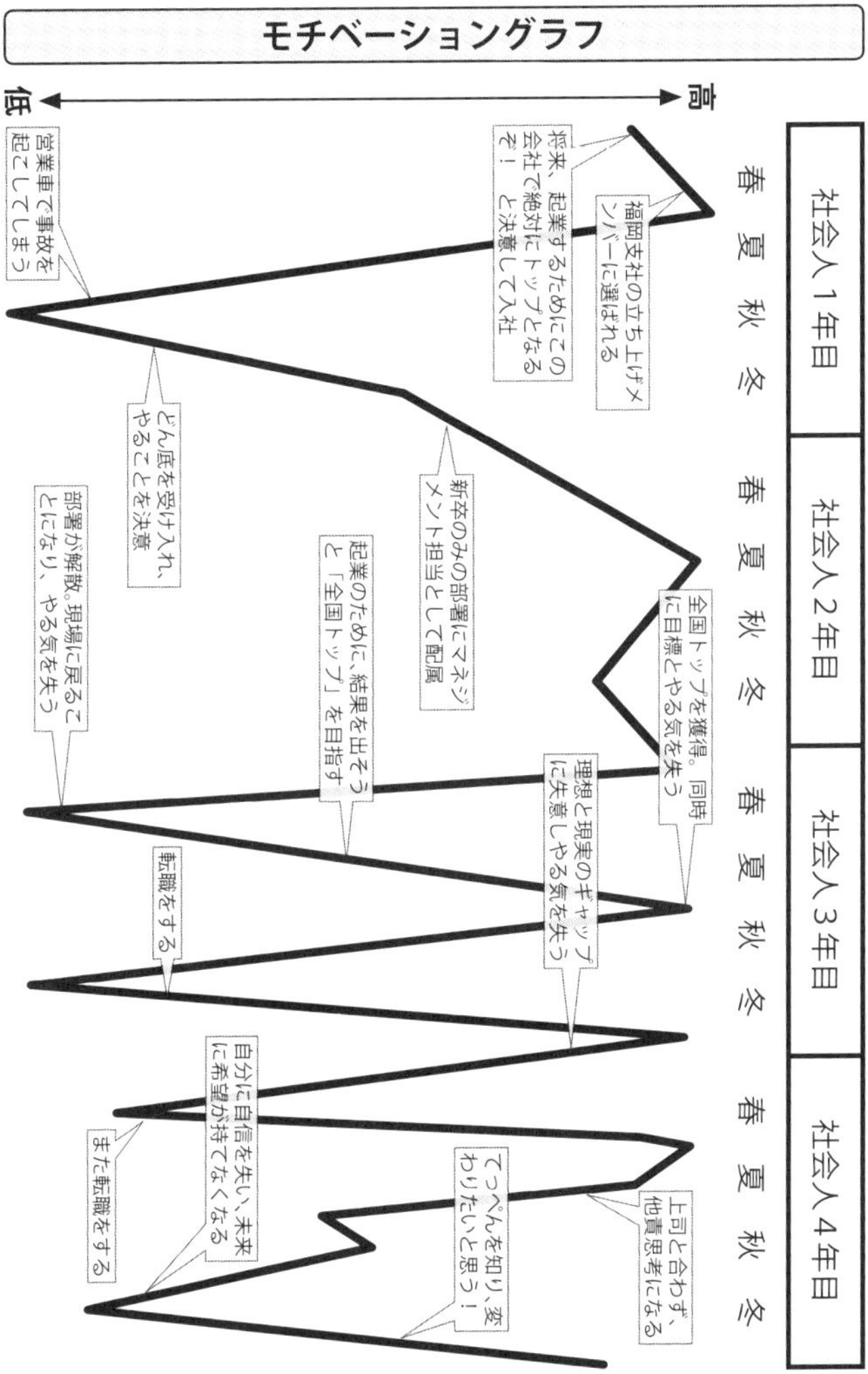
モチベーショングラフ
低
高
社会人1年目
社会人2年目
社会人3年目
社会人4年目
春 夏 秋 冬
将来、起業するためにこの会社で絶対にトップとなるぞ！ と決意して入社
福岡支社の立ち上げメンバーに選ばれる
営業車で事故を起こしてしまう
どん底を受け入れ、やることを決意
新卒のみの部署にマネジメント担当として配属
部署が解散。現場に戻ることになり、やる気を失う
起業のために、結果を出そうと「全国トップ」を目指す
全国トップを獲得。同時に目標とやる気を失う
理想と現実のギャップに失意しやる気を失う
転職をする
自分に自信を失い、未来に希望が持てなくなる
また転職をする
てっぺんを知り、変わりたいと思う！
上司と合わず、他責思考になる

握してもらうことが大切です。

それがわかれば、自分でモチベーションが上がるポイントを意識したり、下がるポイントを回避したりできます。

そうすることで、自分のモチベーションマネジメントが飛躍的に向上するのです。


オススメとしては、107ページのようなモチベーショングラフとよばれるものを新人に作ってもらい、ここ4年間くらいのモチベーションの上下を出来事とともに振り返ったり、1日をモチベーショングラフで振り返るとわかりやすいです。

それを一緒に共有すると、「そんな出来事があったんだ！」と親近感がより湧いたり、また新人のモチベーションポイントがわかっていると、マネジメントもしやすくなるのでオススメです。


ぜひ、レクリエーションなどで活用してみてください。

❸ 行動を管理して正しい習慣を作る

「人は習慣の生き物である」ある生物学者の言葉ですが、まさにその通りだと思うのです。

私の尊敬する方は大人が集まる講演会や普通の学校、少年院など様々な場で話をする機会が多くあります。その方から聞いたのですが、聴く姿勢がダントツにいいのは少年院なのだそうです。

それは、どこの講演会よりも素晴らしい聴く姿勢なのだそうです。

その要因は、少年院に入って正しい生活習慣を身に付けることによって、良い心の状態と意識が作られるからだそうです。

つまり日々の習慣はそれくらい大きな影響を持っているのです。

それでも少年院の再犯率が下がらないのは、出所した後に、悪かったころの仲間とまた出逢ってしまい、元の生活習慣に戻ってしまうからなのです。

だからこそ、新人のモチベーション管理をしていくために、最初に正しい仕事習慣を作ってあげることが大切です。

まずは、当たり前のことをしっかりとやる習慣を作ることが大切です。

朝の挨拶、元気な返事、キビキビとした行動、聞く姿勢、お礼を伝える、レスポンスを早くする、時間を守る、身だしなみをきれいにする、整理整頓など、〝あたりまえ〟をしっかりとやる凡事徹底が大切です。

たとえば、朝の挨拶だったら、新人と話をし「朝の出社時、扉を開けたらまず挨拶をする。そして、チームのメンバーとは必ず1回、目と目を見て挨拶をすることを部署のルールにしよう！」と決めます。そうした中で、毎日挨拶をしていく習慣を作ってあげていってほしいのです。

本書では、即戦力となる自燃型人材にするために新人自体がやる気に燃えている状態を作るというゴールがあります。

ただ、最初はしっかりと管理をして、やらせる、徹底するということもとても大切です。

そして、それが習慣になった時に、大きな財産として新人に渡すことができます。

習慣は21日間続けると習慣化されると言います。

まずは21日間をしっかりとやりきらせることで習慣化され、意識をせずとも凡事を徹底してくれるようになります。そうすれば、モチベーション管理が自然とできている状態へと近づいていきますので、ぜひそこの取り組みを強化してください。

モチベーション管理思考

1 部下の夢と今行っていることをリンクさせる

「もし、今の仕事で何でも叶うとしたら何をしたい？」
「漠然としていてもいいから、5年後にこんな自分になっていたらワクワクするってことって何？」

⬇

夢をより具体的にする

⬇

夢と今行っている仕事をつなげる

2 自分のモチベーションパターンを把握させる

モチベーショングラフを作り、新人自身にモチベーションが上がるポイント、下がるポイントを把握させる。

Point
上司も部下のモチベーションの上下を知ることで、マネジメントしやすくなる

3 行動を管理して正しい習慣を作る

「朝の挨拶」「元気な返事」「キビキビとした行動」「聞く姿勢」「お礼を伝える事」「レスポンスを早くする」「時間を守る」「身だしなみをきれいにする」「整理整頓」など、凡事を徹底させる。

Point
新人だけでなく、部署や会社全体で行うようにする

ポジティブ管理思考…どんな出来事にもポジティブな側面を見出す思考

❶「何のチャンスだろう?」と問いかける

人は問題や思い通りにならないことが起こると、マイナスな感情が生まれます。マイナスな感情が生まれると、マイナスな思考が生まれ、マイナスな行動が生まれるため、マイナスな成果が出やすいのです。

そのために、一般的にはポジティブ思考が重要だと言われています。

しかし、今回のポジティブ管理思考とは人はネガティブにもなるし、ポジティブにもなるということを受け入れたことを前提に、自分でポジティブな状態にできるように管理していく思考です。

そういった状態に新人にするために、もし、彼ら彼女らに問題が起こって、思い通りにならずにマイナスな状態になっていたら、「この状況をなんとかチャンスやプラスに考えられないかな?」と問いかけてあげてほしいのです。

そうやって質問してあげることによって、新人は「え？」と戸惑いながらも、なんとか考えようとします。

この時点で、少しずつ客観的に冷静になっていき、心が落ち着いてきます。

問題などが起こると、すぐに自分の中に閉じこもってしまって「ヤバい、ヤバい！」「どうしよう、どうしよう」などと無意味な自分を焦らせる感情と考えしか浮かんでこなくなるのです。

それを「何のチャンスかな？」「これを超えたらどんな成長が待ってる？」などと問いかえてあげることによって、新人の閉じていた視野が広がるとともに、少しでもプラスの側面を考えてポジティブな状態へと行きやすくなります。

人の感情はネガティブとポジティブの両極端だけではないのです。

前述したように、ネガティブの感情でもマイナス10〜マイナス1まで、ポジティブな感情でもプラス1〜プラス10まであるとしたら、マイナス10だった感情がマイナス3になったら、それはそれで大きな効果だと思うのです。

そういった状態を新人に体験させてあげることで、ポジティブ管理思考の初歩を作ってあげてください。

❷ 笑顔を自分で作る練習をさせる

人は感情と表情が連動しています。嬉しいと嬉しい表情になりますし、逆に悲しいと悲しい表情になります。これは性別はもちろん、国や言語を超えて共通のものだと思いますし、どこの国の人の写真を見ても、嬉しそうか悲しそうかはわかります。

そして、面白いのは、表情を変えると、それとともに感情も変化するのです。

つまり、心がプラスの状態になると笑顔が自然と出ますが、笑顔になることで心がプラスの状態になるのです。

だからこそ、笑顔を自分で作れるようにすることはとても大切です。

それは、自分で自分の感情をプラスに持って行ける武器を手に入れることになるからです。

ぜひ、新人に、心の状態が変わることを体感してもらってほしいのです。

ただ、それを伝えるのはちょっと難しいなと思ったら、笑顔は仕事をするうえでとても大切だということで笑顔の練習をさせてみてください。

私たちも新人研修でよくやるのですが、笑顔を作ってもらった状態で写真を撮り、それを本人に見せます。

そうすると「こんな表情だと思わなかった」という反応が返ってくることが多いのです。

つまり、笑顔を作っていたつもりでも、実際は笑顔に見えていないことに気付くのです。

自分でさえ笑顔に見えないのですから、相手にも笑顔には見えていません。こういったことは多々あります。

しっかりと笑顔を作ることができれば、相手から好感を得ることもでき、様々なメリットがあります。

それを教えてあげることは仕事で成果を出すうえでも大切だと思うのです。

そして、その結果、感情もコントロールできて、好感度も上がるとなればまさに一石二鳥。

また、うまく笑顔を作れるようになったら新人に、

「実はこれで感情もコントロールできるんだよ」

と、笑顔の練習↓感情のコントロールというアプローチで教えるのも手かもしれません。

❸ネガティブな感情になった要因を掘り下げる

世の中にはポジティブ思考が大切だという本はたくさんあり、今ではあたりまえのようにポジティブが大切だということが認知されています。

その結果、「ネガティブ＝悪」となってしまい、ネガティブな感情を無視したり、ネガティブになっている自分を否定してしまっている人を多く見ます。

そうすると、根本が解決されていないので、無理やりポジティブに持って行くこと

は、前述の2つでできるのですが、すぐにネガティブに戻りやすい状態のままなのです。

ネガティブは別に悪いわけではありません。ネガティブで行動し続けることはマイナスな成果を生み出しやすいだけで、ネガティブな感情は自分にとって大切なことに気付かせてくれるメッセージにもなっています。

たとえば、お客様からクレームをもらって新人がネガティブになった時。

新人がなぜ今の気持ちになっているのかを確かめていきます。

コーチングスキルを活用しながら、

「今、どんな気持ち？」

「嫌な気持ちになっているとしたら、それって何でだと思う？　怒られていること？

それとも、お客様に迷惑をかけたこと？」

など、新人から気持ちを引き出したり、時には推測して質問をしながら、今の気持ち掘り下げていってほしいのです。

そうすると、だんだん冷静になり、自分が嫌な感情を抱えているものが見えると、解決すべきところが見え、問題に立ち向かうエネルギーへと変わっていくのです。

ポジティブ管理思考

1 「何のチャンスだろう？」と問いかける

「この状況をなんとかチャンスやプラスに考えられないかな？」
「これを超えたらどんな成長が待ってる？」

Point
質問することで、部下が考え、問題やトラブルに対して客観視できるようになる

2 笑顔を自分で作る練習をさせる

心がマイナスの時にも、笑顔を作ることで感情をプラスの方向に持っていけることを伝える。

Point
「好感度が上がる→感情のコントロール」というアプローチで教えてもよい

3 ネガティブな感情になった要因を掘り下げる

「今、どんな気持ち？」
「嫌な気持ちになっているとしたら、それって何でだと思う？ 怒られていること？ それとも、お客様に迷惑をかけたこと？」

Point
部下の気持ちを引き出し、掘り下げて冷静さを取り戻させることで、問題に立ち向かうエネルギーに変えることができる

感謝思考…まわりに対して感謝できることを見つけ伝える思考

❶「あたりまえ」を見つめ直させる

私たちは「ありがとうの反対はあたりまえ」という定義付けをしています。

人はあたりまえを上回ると〝ありがたい〟という気持ちが生まれますが、あたりまえを下回ると不平不満の感情が生まれるのです。

たとえば、私は20歳まで実家で暮らしていたのですが、食事がでるのがあたりまえでした。

だからこそ、母親が忙しくて食事がないと、「なんで今日ご飯ないんだよ！」と不平不満を持っていたのです。

しかし、その後、一人暮らしをはじめて、自分で炊事をしてみて、こんなに大変なんだと感じたり、コンビニ弁当などを食べていると、味気なくて母親のご飯がおいしく感じたのです。

それからしばらくして、実家に数か月ぶりに帰った時に、母親が食事を作ってくれたことを「ありがたいな」と自然と感謝することができたのです。

しかし、母親が食事を作ってくれることは何一つ変わっていなくて、変わったのは自分の〝あたりまえ〟だったのです。

だからこそ、新人にも〝あたりまえ〟を見つめ直させることが大切になります。

たとえば、会社から給料をもらうこともいつの間にかあたりまえになってしまいます。

でも、会社が新人を採用するのにどれくらいの予算がかかっているのか。給料以外にも福利厚生や諸手当、また共通経費などがどれくらいかかっているのかを教えてあげるだけで、捉え方が変わってきます。

他にも、良い意味で他社の情報と比べて会社の制度や研修の仕組みなどで勝っていることがあれば教えてあげたり、究極はアジア諸国の同世代と比べて、働けているだけでどれだけすごいかをうまく伝えてあげると、あたりまえが下がり、感謝思考が醸成できます。

❷感謝日報を報告させる

感謝思考は、前述した「自分以外のあたりまえを下げる」ことと、もう1つは感謝をアウトプットする習慣をつけることです。

人は感謝の気持ちを持つと、自分の感情もとても良い状態になりエネルギーが生まれます。

もう1つ感謝の大きな効果は、コミュニケーションと人間関係が格段に良くなることです。

何をやっても感謝されない。あたりまえどころか、不平不満しか伝わってこないと、人は驚くほどがんばれないですし、その人に対して不快な感情を持ってしまいます。

逆に言うと、しっかりと相手から感謝が伝えられたり、第三者を通じて感謝の気持ちをすごく言ってたよということが本人に伝わったりすれば、感激し、どこまでもその人のためにがんばろうとさえ思うのです。

しかし、ただ待っているだけでは感謝されません。自分から相手に感謝の気持ちを持つことで、相手も自分に対して感謝の気持ちを持つようになるのです。

もちろん、感謝の気持ちは持っているだけでは相手には伝わりません。だからこそ、感謝をアウトプットしていくことが大切です。

そして、感謝の気持ちを伝えたことで、相手が喜んでくれ、またそのことで自分が喜んだ体験を積み重ねていくと、感謝思考は自然と身に付いていくのです。

ただ、感謝をみんなに伝えていけと新人に言っても、いきなりはなかなか難しいかもしれません。

はじめは、他人に報告しなくてもいいので、1日1個、感謝できたことを探すために、感謝日報（日記）を書くことをアドバイスします。

そうすることで、まだ誰かに伝えるまではいかないかもしれませんが、感謝できることを探すアンテナが立ち、感謝の気持ちが醸成されていくのです。

❸自分から感謝を伝えていく

人は感謝されると嬉しい気持ちが湧いてきます。そして、人は何かをされたら、それをお返ししたいという気持ちが自然と湧いてくるのです。

だからこそ、新人に感謝思考を身に付けさせるためには、まず先輩である皆さんから感謝の気持ちを伝えてあげていってほしいのです。


皆さんの基準で新人の行動や成果を見ていくと、〝あたりまえ〟の水準が高く、できてないところや仕事に対する考えがどうしても目に入って、不平不満を持ってしまいがちです。

ただ、皆さんも新人の頃は同じようにできなかった部分も多く、学生意識が抜けなかった人も多かったと思うのです。

ですので、皆さんの中の新人への〝あたりまえ〟を下げてほしいのです。

私の会社には以前、とんでもない新人がいました。なんと1年間に10回もの無断欠勤を繰り返したのです。

教育会社ですので、新人の可能性をあきらめずに向き合い続けたのですが、なかなか変わらず結局は退社してしまいました。（その後、彼は弊社に戻って来てくれて活躍した後に、起業しました）

そうすると、次第に私の新人に対する〝あたりまえ〟が下がってきます。つまり、新人は無断欠勤することが〝あたりまえ〟になってくるのです。

だから、次の新人が欠勤をした時に、連絡をくれたら「無断じゃなくて、連絡をしてくれた！」と感謝の気持ちが湧いたのです。

これは極端な話ですが、あたりまえが下がれば不平不満ではなくて、感謝の視点を持つことができるはずです。

「指示をして文句も言わずに聞いてくれるのはあたりまえじゃない」「雑用を手伝ってくれるのもあたりまえじゃない」そう思っていれば、自然と感謝の気持ちが湧き、それが新人に伝わり、新人も上司や先輩に対して感謝の気持ちや信頼する気持ちが湧いてくるはずです。

以上が、６つの思考を新人に身に付けさせる18のアプローチです。

ぜひ、これを実行してみてください。思考も習慣ですので、習慣が変化した時に新人は驚くほど変わっていくはずです。

感謝思考

1 あたりまえを見つめ直させる

会社からなぜ給料がもらえるのか、会社が新人を採用するためにどのくらい費用がかかるのかといったことを説明し、「あたりまえ」と思っていいることの捉え方を変えさせる

2 感謝日報を報告させる

感謝をアウトプットさせるために、1日1個感謝できたことを探して書いてもらう

3 自分から感謝を伝えていく

上司から部下へ感謝の気持ちを伝えていく。そうすることで、部下の中に自然と感謝の気持ちが湧いてくる

Point
新人に対しての「あたりまえ」を下げることで、感謝の気持ちが生まれる

第4章

あなたは新人にとって どんな存在ですか?

新人をやる気にさせる上司とは？

もし、あなたに大嫌いな上司がいたとします。

いつも、人の悪い所ばっかり見ては、ネチネチと言ってくる。自分は動かず、口ばっかり出してくる。しまいには、問題やミスは部下のせいにして、手柄は自分のものにする、そんな上司です。

そんな上司に教わったり指示を受けたりしたら、あなたはどう感じますか？

きっと、

「あー、なんでこいつにこんなことを言われなきゃいけないんだよ……。面倒くさい……」

と思ったりしてしまうかもしれません。

そうです、どんなに新人をやる気にさせる方法やテクニックを学んだとしても、元々の関係性が悪かったら、それはほとんど通用しないのです。

ちまたには、褒めたり、叱ったり、様々な新人への接し方がありますが、たとえば、アントニオ猪木さんはビンタをして人をやる気にさせることができるのです。

しかし、それはアントニオ猪木さんの大ファンの人がビンタされるからこそ、涙を浮かべて喜ぶのです。

もし彼にたいして興味がなかったり、嫌いな人や知らない人が同じようにビンタをされたら怒ると思います。

つまり、**大切なのは関係性**なのです。

新人にとって、上司であるあなたが今どんな存在であるのか？

前述した**大嫌いな上司のような存在になっているのか、それとも尊敬され、慕われているのかで全く違った反応**になってしまうのです。

新人において、最も大切なリーダーとしての存在は、

「こんな人になりたい！」
「この人のためなら！」

です。

この逆は、

「こんな人にだけはなりたくない……」
「この人の力にはなりたくない……」

という状態です。

後者の状態では新人をやる気にさせるなんてとてもではないですが、難しい状況だと思うのです。

だからこそ、新人にとって尊敬され、信頼されていくことが大切になってくるのです。

自らが見本となり、実践者になる

では、新人に「こんな人になりたい！」と思ってもらえるのはどんな状態でしょうか？

簡単に言えば見本となり尊敬されることです。

もし、この本を書いている私がまだ大学生のアルバイトで、新人しか育てた経験がないとしたらどうでしょう？

きっと、「お前に何がわかるんだ？　社会人経験もないし、その立場を経験して実績を出してから言ってみろ」と思うのではないでしょうか？

また、もし年齢が上だとしても一回も働いたことのない60歳に言われても、その人の言うことを聞こうとは思わないと思います。

少し極端な話をしましたが、人はそうやって誰の言うことを聞く、聞かないと無意識に判断をしています。

新人や部下は会社という組織に所属をしていますので、上司の言うことを建前上は聞いてくれることが多いでしょう。

でも、本当に心から聞こう、学ぼうと思うのは、尊敬し見本となっている上司からなのです。

だからこそ、新人に６つの思考を身に付けてほしいのならば、まずは自分がその実践者になることです。

限界突破思考を身に付けさせたいと思っているのに、自分自身が会社からの目標に対して「無理だよ」「しょうがないよ」「できないよ」と言っている姿、あきらめている姿を見せているのに、新人には「限界突破していこう！」と言っても説得力がありません。

いつでも部下のせい、会社のせいにしているのに、新人には「人のせい、環境のせいにするな！　自己責任で考えろ！」と言っても言うことを聞いてはくれないでしょう。

自らが、見本となること、体現者となること、そして尊敬されることがとても大切になります。

ですので、新人になってもらいたい姿をイメージしていただいたら、「自分は本当にそれができているのか？　見本となっているのか？」を問いかけてみてください。

そして、もし弱い部分があったら、そこをぜひ強化してほしいのです。

上司が変わっていく姿を見ると、部下は勝手に影響されます。

全員が年上の社員だった中、半年で店を黒字化させた飲食店店長

私の尊敬する方は大学を卒業して、すぐに親のやっている会社に入社しました。

その会社は1店舗だけ飲食店をやっていたのですが、ずっと赤字でそのお店を閉じようかどうかを悩むくらいの状態だったのです。しかし、その方は親に直訴し、自分が立て直すからやらせてくれとお願いしました。

そして店長として、そのお店に配属されることになりました。


ここで、考えてみてください。

大学を卒業したばかりの新人で、社長の息子の入社。それが、いきなり店長として配属される。

彼の言うことを社員たちは聞くでしょうか?

そう、皆さんの予想通り、年上だった社員全員が、言うことを聞かずに陰口を言っている状態だったのです。

しかし、その方は入社して半年もせずにお店を黒字化させたのです。

何をしたのか!?

そのお店は17時オープンのお店だったので、昼くらいに出社して仕込みをしていけば十分間に合います。そのため、ほとんどのスタッフは14時くらいに出社している状態でした。

そこに、その方は毎朝7時に出社をするようにしました。お店の隅々まで掃除を行い、調理道具などをピカピカにしていきます。

そして、朝の通勤時間には駅前でチラシを配り続けていきます。それをたった1人で行っていくのです。

最初は、お店のメンバー全員が「あいつ何1人で張り切ってるんだよ……」と怪訝な目で見ていました。

そして、「どうせあいつが掃除するから俺らはしなくていいよ」と、ますます気持ちが離れていく状態にもなりました。

それでも、その方はあきらめずに毎日、朝７時に出社し続け、来る日も来る日もチラシを配り、お店とそのまわりをピカピカにしていったのです。

そうすると、３か月くらい経った時に、「こいつは本気だ！」ということにみんなが気づきはじめ、「こいつの言うことなら聞いてあげよう」という空気にどんどんなっていき、わずか半年もせずに黒字化。大繁盛店へと変化していったのです。

年齢も社歴も関係ありません。日々の行動、そして何より、その想いがみんなに尊敬され、見本となれば人はついてくるのです。

「この人のためなら」の3つのポイント
①知る

次に、「この人のためなら」と思ってもらう関係作りです。
そのためには3つの大切なポイントがあります。
1つ目は、新人を知ることです。

人が一番傷つくのが怒られることよりも、無視されることなのです。
ですので、新人に関心を持つことがとても大切になります。
関心を持つための簡単なステップが、「新人を知る」ということです。

たとえば、新人を1人思い浮かべてください。

その新人の、出身地、生年月日を即答で言えるでしょうか？

また、好きな食べ物、趣味、嫌いな事、今までどんな人生を送ってきたか、などを知っているでしょうか？

これを知らないということは、新人に関心がない可能性が高いですし、ということは新人にも、「この人は自分に関心がないんだな……」と思われている可能性が高いのです。

もし、あなたに好きな人ができたら、きっと前述のことを最低限でも知ろうとするはずです。このことを最低限でもいいので、知ることが大切です。

そして、人はどうしても表面的に見えることだけで判断してしまいがちです。しかし、その人が今そういう状況になっているのには、必ず過去の経験や育ってきた環境があるのです。

ある小学校の先生の話があります。

その先生は最高のクラスを作りたいと思ってがんばります。ただ、たった１人の男の子だけが元気がなく、授業中は手も挙げないし、学級会をしても言葉を発しません。勉強も他の子からはずいぶん遅れていました。

そのため、先生はどうしてもその子のことが好きになれず、ついには「この子さえいなければ、このクラスはうまくいくのに……」と思うようになってしまいました。

しかし、ある時、その子の1年生からの記録が目に留まります。

1年生、2年生の時には、「すごく元気で、素直な明るい子。将来が楽しみ！」と書いてありました。

先生はとっさに、「嘘だ！　違う子の記録じゃないか!?」と思ってしまいます。

しかし、続けて3年生の記録を見ると、「母親が病気がちで面倒を見ないといけなくなり、授業中に居眠りが増える」とあり、4年生には母親が亡くなり、「失意のどん底で元気がなくなる」。

そして、4年生の後半には、「父親がアルコール依存症となり暴力を振るわれている」と書いてあったのです。

先生は、それを見てハッとします。

「ダメと決めつけていた子が、１人の苦しい人生を超えて生きている輝く少年」へと変化したのです。

そして、その日、初めて先生はその子に優しく話しかけ、「先生、夕方まで教室にいるから一緒に勉強しない」と声をかけていきます。

やがて、その子はそこから勉強に追いつくようになり、手を挙げて発言できるまでになったのです。

その後、先生との交流は続き、成績もどんどん伸びて奨学金をもらい医学部に行き、医者にまでなっていきます。

そして、大学を卒業する時にもらった手紙には、「あの時に先生が僕をちゃんと見てくれたから救われました。先生のおかげで今があります」と書いてあったそうです。

この話からもわかるように、私たちは表面に出ている「元気がない」とか、「目を合わせられない」とかそういった事象で相手を判断してしまいがちですが、そうなった背景には必ずその人の過去があるのです。
そこを知ることで、その人を見る目が変わり、関係性が劇的に変化していくのです。

「この人のためなら」の3つのポイント
②可能性を信じる

2つ目は「新人の可能性を信じる」です。

第2章で自燃型人材になるための自己肯定感の重要性をお話しました。自己肯定感とは自分で自分を信じ、肯定できる力です。それを上げる方法の1つが、まずは皆さんが部下の可能性を信じてあげることなのです。

教育心理学者のロバート・ローゼンタール氏はある実験をします。

1964年春、教育現場での実験として、サンフランシスコの小学校で、「ハーバード式突発性学習能力予測テスト」と名づけた一般的な知能テストを行い、学級担任には、今後数ヶ月の間に成績が伸びてくる学習者を割り出すための検査であると説明します。

しかし、実際のところ検査には何の意味もありません。

そして、検査の結果と関係なく無作為に選ばれた児童の名簿を学級担任に見せて、この名簿に記載されている児童が、今後数ヶ月の間に成績が伸びる子供たちだとあえて伝えたのです。

その後、学級担任は、子供たちの成績が向上するという期待を込めて、その子供たちを見ていました。

そうすると、無作為に選ばれたはずの子供たちは、たしかに成績が向上していったのです。

そして、結果として1年後には、その子たちが実際に成績上位者を占めたという実験です。

報告論文では成績が向上した原因としては、学級担任が子供たち対して、期待のこもった眼差しを向けたこと。さらに、子供たちも期待されていることを意識するため、成績が向上していったと主張しているのです。

これをピグマリオン効果とも言います。

つまり、人は期待すると期待通りに成長する確率が高まり、期待しないとそれが伝わり、やはり期待しない通りの結果になる確率が高いのです。

皆さんも経験がないですか？

部活の先生や先輩、または会社の上司やお客さんなどが、すごく自分のことを期待し、信じてくれているのを感じるとプレッシャーを感じることもあるけれども、それ以上に嬉しさと期待にこたえたいと思ってがんばれたりするのです。

逆に、上司や先輩に全く期待されていないと、とても悲しいし嫌な気持ちになり、がんばろうと思わないことの方が多いのです。

だからこそ、部下の可能性を信じることがその人のやる気を引き出し、自己肯定感も上げていく効果があります。

その人の存在や人間性を信じる

また、可能性を信じるだけでなく、その人の存在や人間性を信じることも非常に効果があります。

私が尊敬する歯科医院の院長先生の話です。

そこで働いていた歯科衛生士の女性がいました。とても素直で良い子なのですが、自分には自信がなく、がんばろうと思ってもがんばれなかったりして、仕事も休みがちになってしまいます。

彼女自身もそんな自分が好きではなく、またがんばれない状況も嫌でいつも悶々としながら働いていました。

そんな彼女が、働いて1年間が過ぎようとしていたある日、事故を起こしてしまったのです。

彼女は歯科医院まで車で通勤していたのですが、その途中に狭い通路があります。車２台通るのがやっとの道です。

進行方向からから黒いベンツがやってきたのですが、うまく車を端に寄せられず、ミラーがぶつかってしまったのです。

パニックになってしまった彼女は、後ろから車も来ているし、どうしたらいいかわからず、そのまま進んで行ってしまいました。

すると、ものすごい勢いでベンツが後ろから追いかけてきて、前に割り込んで急停車をしました。

「テメー、何逃げてんだ!!!」

とものすごい剣幕で怒られ、ますますパニックになる彼女。とにかく警察を呼んだのですが、ベンツに乗っていた方はものすごい勢いで怒っていて、彼女はしどろもどろになってしまい、ますますどうしたらいいのかわからなくなってしまいました。

そして、先方に「お前じゃ、らちがあかないから、社長呼べ！」と言われて、院長先生に連絡をすると、すぐに駆けつけてくれることになりました。

彼女は、「あー、先生にまた迷惑かけちゃうな……。先生は優しいから一緒に謝ってくれるだろうけど、悪いことしたなぁ……」と思っていたのです。

実際、普段の院長先生は非常に温厚でいつも笑顔を絶やさず、怒ったところもほとんど見たことはなく、いつもスタッフに優しく接してくれる方なのです。

そんな院長先生が到着するとベンツに乗っていた方は、「おめーが、院長か!? お前のところの社員、どんな教育してるんだ！ こいつ事故したのに逃げようとしたぞ！ とんでもない社員を雇いやがって。ふざけるな！」

と、彼女の文句を散々言ってきたのです。

すると、普段温厚であれだけ優しい先生が、今まで見たことない剣幕で相手に、

「今、言った言葉を訂正してください！ たしかに事故を起こしたのは彼女が悪い。だから、修理代は全額今すぐ払います。ただ、彼女は事故を起こしてそのまま逃げようとする子じゃ絶対にない！ ただ、パニックになっただけなんだ。だから、今言った言葉を訂正しろ！ そして、二度と彼女の前に現れるな‼」

ものすごい勢いで言ったのです。

その姿を見た彼女は、「こんなに私のことを信じてくれる人がいるんだ！」と涙を流しながら、「この人のためにがんばろう！」と胸に誓ったのです。

彼女はこの出来事がきっかけで、人から信用されていることを知り、自分に自信が持てるようになっていきました。

そして、そこから彼女は今までとは見違えるようにがんばり、１年後にはそこの医院のNo.２として大活躍し最強のチームを創る立役者になっていきました。

まさに、「この人のためにがんばる！」の見本となるような話ですが、こういった行動が相手の心に届き関係性を変え、新人をやる気にさせていくことを覚えておいてほしいのです。

「この人のためなら」の3つのポイント

③感謝する

最後、3つ目は「新人に感謝する」です。

第3章の感謝思考でもお話しをしましたが、人は感謝をされるとその人に感謝をしたくなります。

感謝の反対である不平不満を相手に対して持つと、その相手も不平不満を持つのです。

新人が上司に不平不満を持つと、なかなか心から上司の言うことを聞いてくれるのは難しいのです。

逆に新人が皆さんに対して感謝の念を持ってくれていたら、心から言うことを聞いてくれる確率は高まるのではないでしょうか。

だからこそ、感謝の気持ちを持ってもらった方がいい。そして、その簡単な方法こそが、

「まずは自分から新人に感謝をする」

なのです。

私も会社を経営していて、社員を雇用している立場ですので、新人への不平不満はどうしても出てきてしまいます。

「なんで結果も出てないのに、もっとがんばろうとしないんだ！」

とか、

「なんであんなにすぐにあきらめちゃうんだ！」

とか、

「もっとまわりに気遣うように言っているのに、なんでできないんだ！」

とたくさん出てきてしまいます。

それでも、結局、その不平不満を持ったところで何も変わりません。

だったらその状況を変えるしかありません。ただ、その不平不満を新人にぶつけて

も、新人との関係性ができていなければ、逆に上司に対して不平不満を抱きやすくなるだけなのです。

本当に新人との関係性を良くすることは容易ではありません。

私がその問題に最初にぶつかったのは、4人目の社員が仲間になってくれた時でした。

元々、会社は2人で立ち上げたのですが、半年後に1人入ってくれて、そこまではまさに良い意味でも悪い意味でも、3人とも〝仲間〟という感じでやってきました。

しかし、4人目が仲間になってくれた時に、初めて人を雇うという感覚に近い状態になったのです。

それまでは「あれがない」「これもない」が当たり前で、それを1つずつみんなで創っていこうという雰囲気だったのですが、「なんでこれもないんですか!?」「これはどうなってるんですか!?」ということを急に求められるようになったのです。

そして、さらに彼は前職の会社が倒産のような形になって、止むなく退社していたり、給与の未払いなどもあって、会社という存在に不信感をぬぐえない状態でした。

元々、素晴らしい物を持っているのに、なかなか発揮できない。

そして、不平不満とまでは言わないまでも、「あれもない、これもない」と会社に対して指摘してくるので、私は最初、「なんでコイツは求めてばっかりくるんだ！」と思うようになっていたのです。

でも、様々な人や本から、人を育てるためにはその人との関係性が最も大切だということを教わっていたのを思い出し、まずは自分から感謝をすることが大切だと気づいたのです。

しかし、感謝をしようと思ってもなかなかなか伝わらないし、普段の業務の中では示すのが難しく、なかなか容易に変わるものではありませんでした。

そんな時にチャンスがやってきました。

それは彼が誕生日を迎える時でした。

入社から3か月くらい経っていたのですが、誕生日に彼への感謝の想いを会社として、社長として精一杯示そう！　と思い立ちプロジェクトをスタートしました。

最高のサプライズをするために、彼のそれまでの友人やお世話になった方の情報を集め、お祝いの動画やメッセージを集めていきました。

そして、彼の家族に「大切な息子さんをこんな小さな会社に預けてくださってありがとうございます！」という気持ちを伝えるために、彼には内緒で私が実家にご挨拶に行きました。

お父様は亡くなられていたので、お父様には墓前でご挨拶し、お母様には感謝の想いと彼が今どうがんばっているかの報告、彼の生い立ちなどを聞かせていただきました。

それを全部撮影させていただき、その映像を誕生日の時に彼に見せたのです。

ものすごく喜んで、感動してくれた彼は「こんなにお祝いされたのは初めてです」

と、とても嬉しそうに言ってくれました。

そこから、彼は大きく変わり、会社の幹部として活躍し、今では独立、社長としてがんばっています。

このことがきっかけで、私たちの会社では、入社した最初の誕生日には思いっきり「入社してくれてありがとう！」「ともに挑戦する仲間になってくれて本当に感謝！」の気持ちを込めてバースデーイベントを行うようになりました。

そうすると、「こんなにも会社がやってくれるとは思いませんでした」と感動し、喜んでくれるとともに、ここまでやってくれる会社のためにがんばろう！　と決意を強く持ってくれるのです。

離職率を劇的に下げたリーダーたちの行動

弊社に研修依頼があったクライアントから、離職率を低下させたいという要望がありました。

新入社員の離職率が問題で、1年で半分以上の社員が辞めてしまっていたのです。

そこで、新卒への研修と配属先部署のリーダー研修の両方を行いました。そして、もう1つ研修だけでなく、そのリーダーたちに、受け入れがきまった新卒の実家に挨拶とサプライズムービーをもらいに行く、というプロジェクトをやってもらうようにお願いしたのです。

本当に忙しい合間にやってもらったので、リーダーたちは大変だったと思いますが、新卒たちはそのサプライズムービーを見て、みんな号泣です。

そして、「この会社、そしてリーダーはここまでやってくれたんだ！」という感情が、これから出てくる、思い通りにならない状態になっても、がんばろうと思える大きな力になるのです。

結果として、50％以上あった離職率が、６％台まで減少。

また活躍する新卒社員も以前に比べて非常に増えてきたのです。

実際にいきなりここまでやるのは、ハードルが高くて難しいかもしれません。ですので、たとえば、部下の誕生日を覚えておいて、プレゼントを渡したり、みんなでご飯を食べに行くだけでも大きな効果があると思いますので、まずはそこから試してみてください。

さて、今まで「この人のためなら」と思う関係性作りの３つを挙げていきましたが、現在はどのくらいまでできていますでしょうか？

ぜひ、まずは1つでもいいので実際に取り組んでみてください。そして意識をしてみてほしいのです。

驚くほど関係性が変わっていくことに、皆さんも驚くことでしょう。そして、それが自分の喜びに、さらにはチームの成果につながっていくはずです。

どんな人材でも必ずやる気と情熱を持った社員に育っていく

私が人事顧問を務めさせていただいてる、長野の企業があります。
現在、飲食店を4店舗展開しているのですが、最初に創ったお店が創業20年になるということで感謝祭を行うことになりました。

社長からご相談をいただき、お世話になった方々に感謝を示すのはもちろんのこと、今、一緒に働いているメンバーがこれを機会に感謝を醸成し、さらに成長する機会にもしたいという要望をいただき、プロジェクトを立ち上げました。

感謝祭の約10か月前から、2か月に1度、高校生を含めたアルバイトスタッフに、

「感謝とは何か？」「働くとは何か？」ということをテーマに研修会を行っていきました。

自分がいる環境に感謝を感じてもらうことはもちろんのこと、どのようにしたらお客様や仲間に感謝の気持ちを示していけるかを考え実行もしてもらってきました。

そして、もう1つの取り組みとして、感謝祭本番までの数か月間で、各店舗で店舗理念を掲げ、それを体現する目標を設定し、そこに向かって進んでいくということを行いました。最終的に、そのことを感謝祭本番に来場者の前で店舗ごとにプレゼンをしていくのです。

その数カ月間はもちろん色々な問題や困難なことがたくさんありました。

しかし、感謝祭本番は大成功で、多くの来場者が「感動した！」と言ってくれたのです。

その中で、一番多かった言葉が「高校生がこんなにも情熱を持って働いていることに驚いたし感動した！」という声だったのです。

ある店舗では、「お客様に来ていただくために、朝の通勤時にチラシを配ろう！」とか「宴会客を取るために企業にチラシを持っていって営業しよう！」という発表がありました。

これを実際に考え、行動したのが高校生を中心としたアルバイトスタッフたちだったのです。

スピーチでは、

「正直、最初はこんなことしても意味あるのかなって思ったんです。でも、お客様が配っていたそのチラシを持ってきてくれた時は、本当に嬉しかったんです。だから、もっともっとがんばろうっていう気持ちが出てきました」

と目を輝かせながら語ってくれました。

また、

「うまくいかなくて、辞めたいと思ったことがたくさんありました。でも、仲間が支えてくれたから、もう1回がんばることを決めました。何より自分がこのまま逃げてしまうのが情けなく思いました。本当にがんばって良かったです！」

と涙を浮かべながら熱く素敵なスピーチをしてくれた子もいたのです。

しつこいようですが、この発表をしてくれたのはアルバイトの高校生たちなのです。

改めて、私は彼ら、彼女らを見ていて「イマドキの若者は無気力だ」なんて言葉に騙されちゃいけないと思ったのです。

ただのアルバイト、そして高校生でも、あんなにもやる気を持って情熱的に仕事ができるのですから。


私は様々な会社で研修を行い、新人たちのやる気に火を付けてきました。また、彼ら、彼女らが即戦力として活躍している姿を目にもしてきています。

そしてそこには、部下たちに思いを伝え、目標を掲げ、一人ひとりと向き合い、引っ張っている素晴らしいリーダーたちの存在がありました。

さらに、新人が一番変わっていくきっかけは、一歩を踏み出した時、つまり最初の努力をした時に、最大限褒めてあげること、成果を掴ませてあげることが大切だと思いました。

つまり、がんばったら結果が出るんだということを体感していくと、がんばることが楽しくなるのです。

これは皆さんの部下や新人たちも同じなのです。

ぜひ、「どんな新人も即戦力になる！」、そして「どんな新人も無限の可能性がある！」ということを信じていただいて、彼ら、彼女らの人生を輝かせてください。

新人がダメだと嘆いても、うまくいかないことを新人のせいにしても、最終的にはチームの責任は、上司であるあなたが背負わなければならないのですから。

それならば、新人を少しでもやる気にし、人生が変わるきっかけを作り、最終的に即戦力として自分のチームに貢献する人材へと育ててあげてほしいのです。

そのために、一歩目は「こんな人になりたい」「この人のためなら」と思える関係性を作ってください。

そして、新人が即戦力となる自燃型人材にするための６つの思考が身に付くアプローチをしていただけたら嬉しいです。

おわりに

実はこの本を書いている12月に第一子の息子が生まれました。

待望の子供であり、可愛くてしょうがありません。

これから、どんなふうに成長していくのか期待と不安はたくさんありますが、ぜひ彼の可能性を最大限に伸ばしてあげたいと強く思っています。


赤ん坊を見ていて思うのは、人間は生まれた時は本当に100％全力で生きているんだなということです。

お腹がすいたら全力で泣いてアピールし、嬉しいととびっきりの笑顔をしてくれます。

「今日はちょっと面倒くさいから泣くのやめとこうかな……」というようなこ

とは絶対にないと思うのです。

そう考えると人間はいつの間にか、年を重ね、様々な経験をしていく中でやる気や気力を失っていってしまうのだと改めて感じています。

そんな経験をしていた時にふと、赤ん坊と新入社員は似ているのでは⁉　と思いはじめました。


赤ん坊は生まれた時はやる気のないことがなかったように、新入社員も入社する時はやる気に満ち溢れて入ってくると思うのです。

もちろん不安もあるけれど、希望と期待に満ち溢れ、「がんばろう！」と決意して入社してくるメンバーしかいないと思うのです。

それが、いつの間にか日が経つ中でやる気や気力を失っていきます。

だからこそ、私たち、新人の面倒を見る立場の人間は大げさに言えば、親の気持ちのような感覚で新人の面倒を見て育ててあげてほしいのです。

やる気や希望に満ち溢れながら、でもまだまだ知識も力もなくて、もろい存在である赤ん坊のように、新人も社会人としては生まれたばかりのヨチヨチ歩きの子たちなのです。

発達心理学の世界では、赤ん坊は最初は親に愛されている感覚を味わうことが最も大切な一歩と聞いたことがあります。愛されていることが伝わってから、初めて自我が生まれ、様々なものに興味や挑戦をしはじめるのです。

新入社員も全く同じではないかと思うのです。

入社した最初は、会社から、そして上司である皆さんから、「君はこの会社に必要だよ！」ということを伝え、感じてもらうことで、はじめて、自分から「もっとこれをしたい！」「こんなことにも挑戦したい！」という考えや想いが生まれるのではないかと思うのです。

そしてこの想いがあるからこそ、自燃型人材に育ち即戦力となっていくのではないでしょうか。

仕事観は、最初に入った会社の直属の上司が決めると言います。

ぜひ、仕事に対してプラスの仕事観をもたらしてあげてほしいと思います。

一番最初にも述べましたが、それが、自分のチームに対しても、プラスになることはもちろんのこと、これからの日本を背負っていく人材の育成につながっていくと思うのです。

人材育成にはシンプルな正解も終わりもありません。

それ自身を楽しみ、自分自身も成長していきましょう！

【著者プロフィール】

水野元気（みずの・げんき）

株式会社情熱　代表取締役
1980年、東京都杉並区出身。明治大学経営学部経営学科卒業。

学生時代に起業したいと思い立ちベンチャー企業に就職し、当時成長中の太陽光発電の販売代理店に入社。同社2年目には、新卒だけの部署の教育・管理担当に従事。その後、ベンチャー企業の採用支援に特化した会社を経て、飲食コンサルティング会社に入社。飲食業界に特化した人材紹介、採用コンサルティング、教育などを行う。

2007年12月に株式会社情熱を立ち上げる。企業研修講師としても活躍し、中小企業など年間120回以上のセミナー、研修を行っている。

著書に『成功の99%は情熱！』（ダイヤモンド社）がある。

新人を1か月で即戦力に変える教科書

2014年2月4日　初版発行

著　者　水野元気
発行者　野村直克
発行所　総合法令出版株式会社
〒107-0052 東京都港区赤坂1-9-15 日本自転車会館2号館7階
電話 03-3584-9821（代）
振替 00140-0-69059

印刷・製本　中央精版印刷株式会社

ISBN 978-4-86280-392-4

総合法令出版ホームページ　http://www.horei.com/